長沙市文物考古研究所
中國文物研究所
北京大學歷史學系
走馬樓簡牘整理組 編著

長沙走馬樓三國吳簡

竹簡〔壹〕

（中）

文物出版社

圖版

（五七七七——一〇五四五）

五七七七

五七七八　五七七九　五七八三

五七八〇

五七八一　五七八四

五七八二　五七八五

五七八六　五七八七　五七八八　五七九〇

五七八九正　五七九一　五七九二

五七八九背　五七九三　五七九四

五七九五　五七九六　五七九七

五七九八　五七九九　五八〇〇

五八〇一　五八〇二　五八〇三　五八〇四

五八〇五　五八〇六　五八〇七　五八〇八

五八〇九　五八一〇　五八一一　五八一二

五八一三

五八一四

五八一五

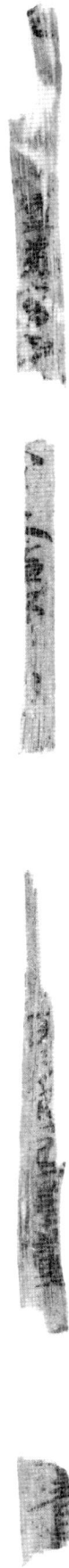

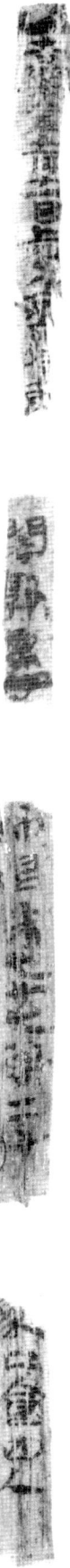

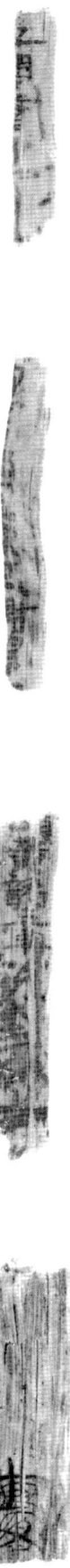

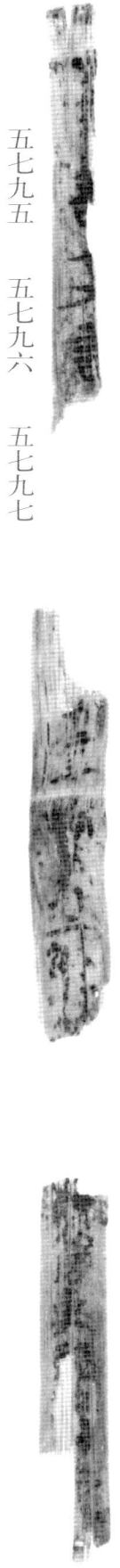

五八一六
五八一七
五八一八
五八一九
五八二〇
五八二一
五八二二
五八二三

五八二四

五八二五

五八二六

五八二七

五八二八

五八二九

五八三〇

五八三一

五八三二

五八三三

五八三四

五八三五

五八三六

五八三七

五八三八

五八三九

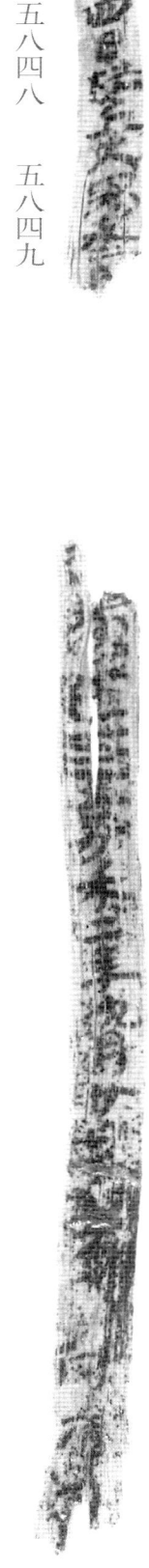

五八四〇 五八四一 五八四二 五八四三 五八四四 五八四五 五八四六 五八四七 五八四八 五八四九

五八五〇　五八五一　五八五三　五八五四

五八五二　五八五五

五八五六　五八五七　五八五八　五八六〇

五八五九　五八六一　五八六二

五八六三　五八六四　五八六五

五八六六　五八六七　五八六八

五八六九　五八七〇　五八七一　五八七二

五八七三　五八七四　五八七五

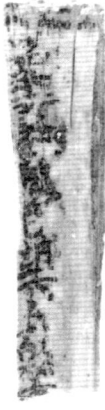

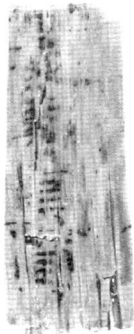

五八七六 五八七七 五八七八 五八七九

五八八〇 五八八一 五八八二 五八八三

五八八四 五八八五 五八八六

五八八七

五八八八

五八八九

五八九〇

五八九一

五八九二

五八九三

五八九四

五八九五

五八九六

五八九七

五八九八

五八九九

五九〇〇

五九〇一

五九〇二

五九〇三

五九〇四

五九〇五

五九〇六

五九〇七

五九〇八
五九〇九
五九一〇
五九一一
五九一二
五九一三
五九一四
五九一五

五九一六

五九一七

五九一八

五九一九

五九二〇

五九二一

五九二二

五九二三

五九二四

五九二五

五九二六

五九二七

五九二八

五九二九

五九三〇

五九三一

五九三二

五九三三

五九三四

五九三五

五九三六

五九三七

五九三八

五九三九

五九四〇 五九四一 五九四二 五九四三 五九四四 五九四五 五九四六 五九四七

五九四八
五九四九
五九五〇
五九五一
五九五二
五九五三正
五九五三背
五九五四

五九五五

五九五六

五九五七

五九五八

五九五九

五九六〇

五九六一

五九六二

五九六三

五九六四

五九六五 五九六七

五九六六

五九六八

五九六九

五九七〇

五九七一

五九七二

五九七三

五九七四

五九七五

五九七六

五九七七

五九七八

五九七九

五九八〇

五九八一

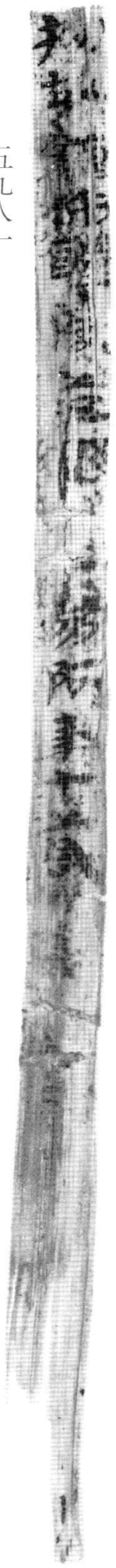

五九八二

五九八三

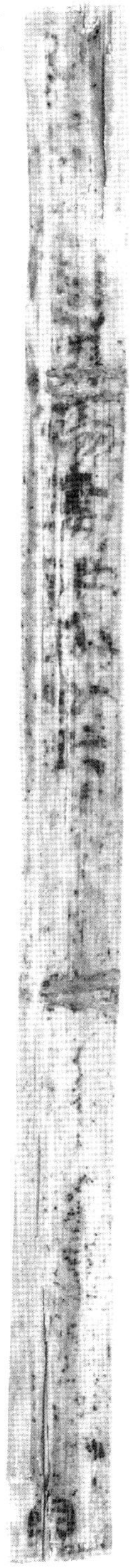

五九八四

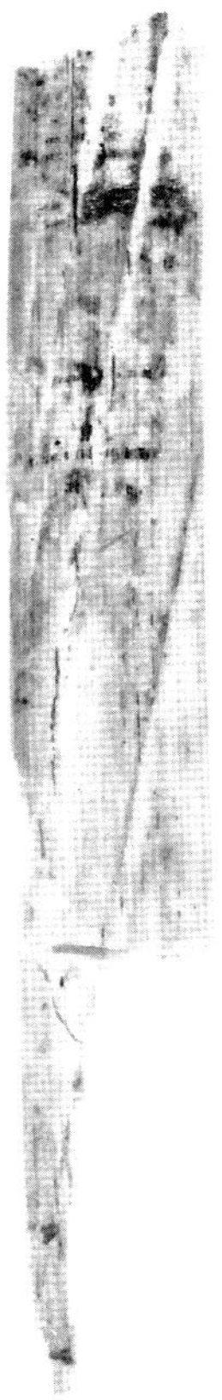

五九八五

五九八六

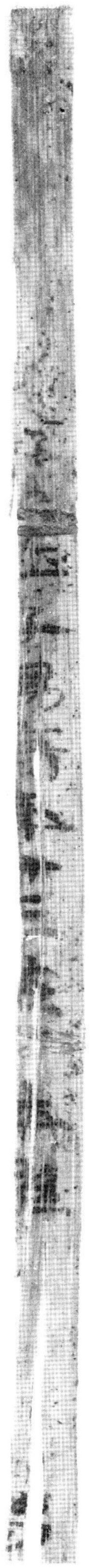

五九八七

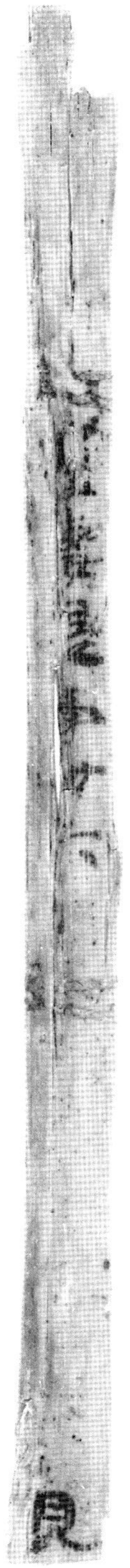

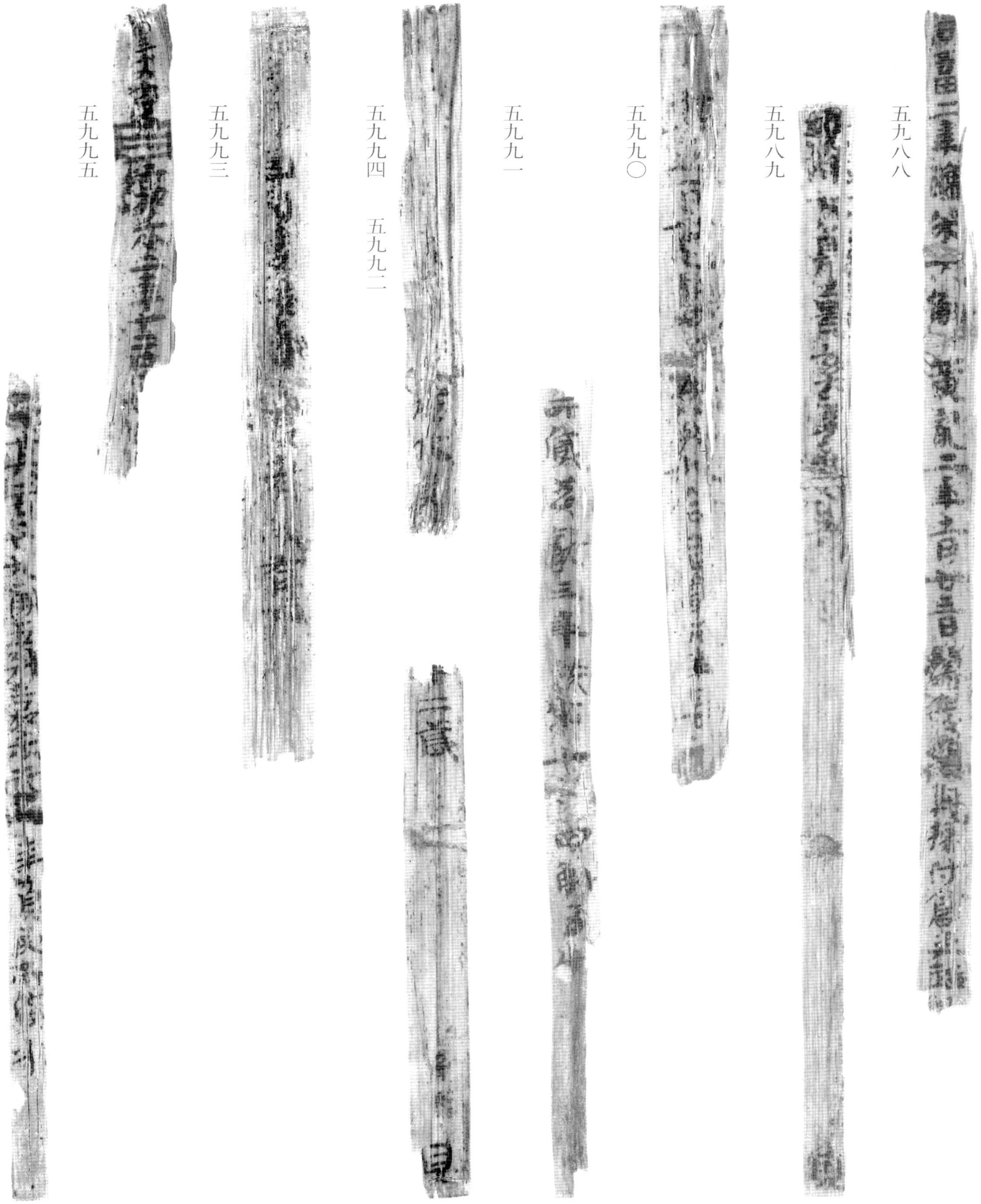

五九八八
五九八九
五九九〇
五九九一
五九九二
五九九四
五九九三
五九九五
五九九六

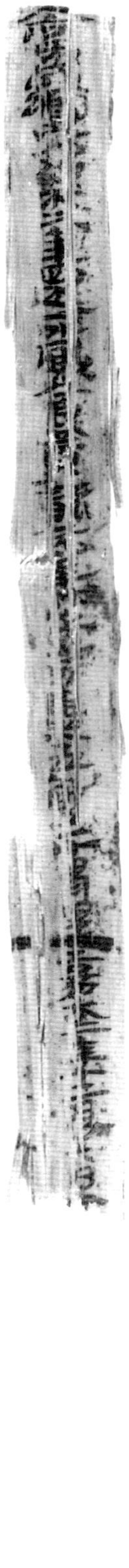

五九九七

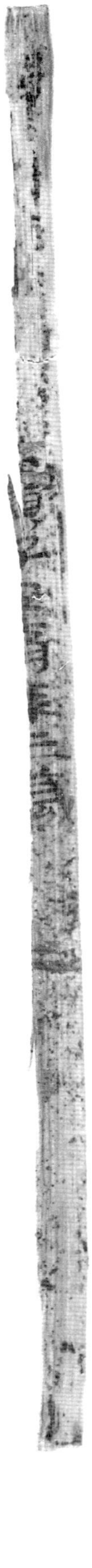

五九九八

五九九九

六〇〇〇

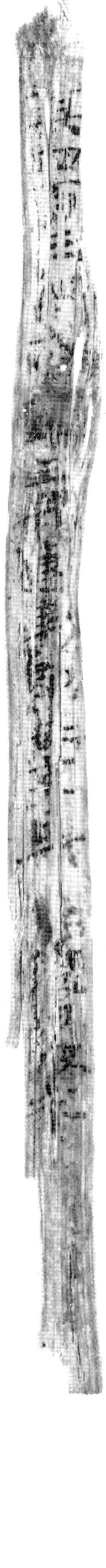

六〇〇一

六〇〇二

六〇〇三

六〇〇四

六〇〇五 六〇〇六 六〇〇七 六〇〇八 六〇〇九 六〇一〇 六〇一一 六〇一二

六〇一三

六〇一四

六〇一五

六〇一六

六〇一七

六〇一八

六〇一九

六〇二〇

六〇二一

六〇二二

六〇二三

六〇二四

六〇二五

六〇二六

六〇二七

六〇二八

六〇二九　六〇三二

六〇三〇

六〇三一

六〇三三

六〇三四　六〇三五

六〇三六

六〇三七

六〇三八

六〇三九　六〇四〇
六〇四一　六〇四四
六〇四二
六〇四三
六〇四五
六〇四六
六〇四七　六〇四八
六〇四九　六〇五〇

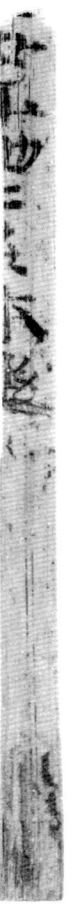

六〇五一　六〇五二

六〇五三

六〇五四

六〇五五

六〇五六

六〇五七

六〇五八

六〇五九

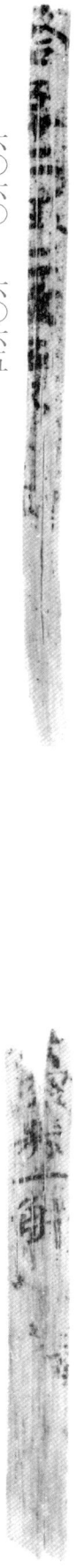

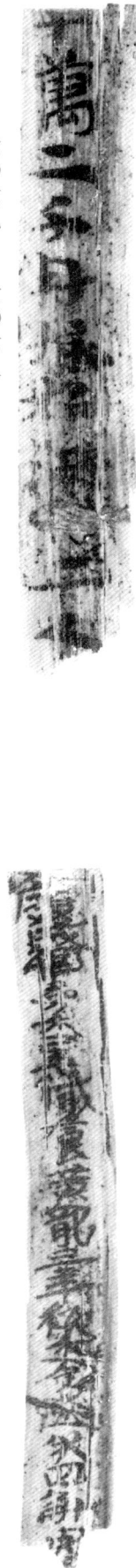

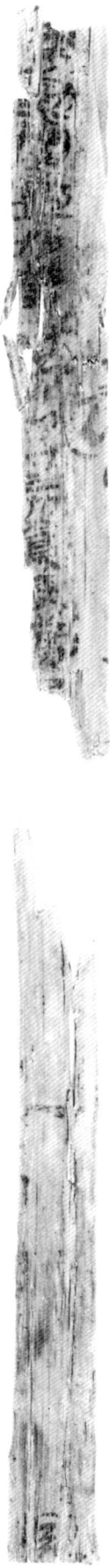

六〇六〇　六〇六五

六〇六二

六〇六三　六〇六一

六〇六六　六〇七一

六〇六七　六〇七二

六〇六九　六〇六八

六〇七〇

六〇六四　六〇七三

六〇七四　六〇八〇

六〇七五

六〇七六　六〇七九

六〇七七　六〇七八

六〇八一　六〇八二

六〇八三　六〇八四

六〇八五

六〇八六

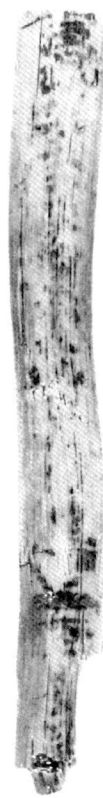

六〇八七　六〇八八　六〇九四

六〇八九　六〇九二

六〇九〇　六〇九五

六〇九三

六〇九六　六〇九七

六〇九八

六〇九一　六〇九九

六一〇〇

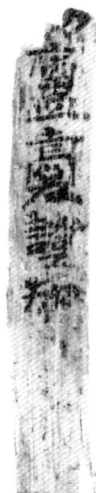

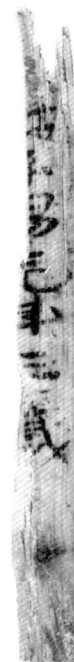

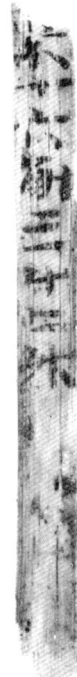

六一〇一

六一〇二　六一〇三　六一〇七

六一〇四　六一〇八

六一〇五　六一〇九

六一〇六　六一一〇

六一一一　六一一二背

六一一三背　六一一四

六一一三正　六一一五

六一一六　六一一七

六一一八　六一一九

六一二〇背　六一二一

六一二二　六一二三

六一二四　六一二五　六一二六

六一二七　六一二八　六一二九

六一三〇　六一三一　六一三二

六一三三　六一三四　六一三五

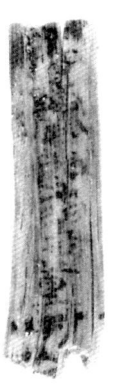

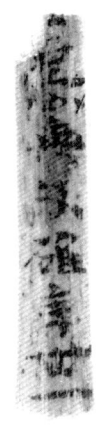

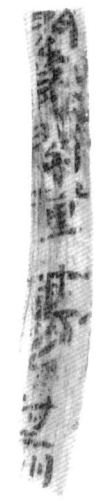

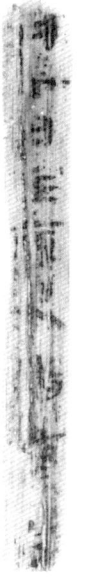

六一三六　六一三七　六一四四

六一三九　六一四五

六一三八　六一四一背　六一四六

六一四三　六一四八

六一四〇　六一四九

六一五〇　六一五一

六一四七　六一五二

六一四二　六一五三

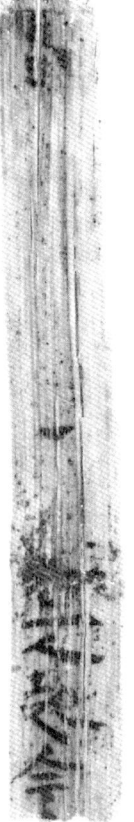

六一五四　六一五五

六一五六　六一六三

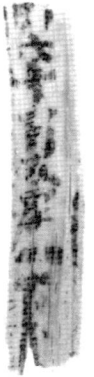

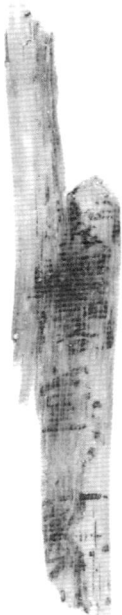

六一五七　六一六六

六一五八　六一五九

六一六〇　六一六二

六一六一　六一六七

六一六四　六一六五

六一六八　六一六九　六一七〇

六一七一　六一七六

六一七二　六一七三　六一七四

六一七五　六一八一

六一七八　六一七九　六一八〇

六一七七　六一八二　六一八七

六一八三

六一八四　六一八五

六一八六　六一八八

六一八九　六一九〇

六一九一　六一九三

六一九二　六一九四

六一九五　六一九八

六一九六　六一九七

六一九九　六二〇〇

六二〇一

六二〇二

六二〇三

六二〇四　六二〇八

六二〇五

六二〇六

六二〇七　六二〇九　六二一〇

六二一一　六二一二　六二一三　六二一四

六二一五　六二一六　六二一七

六二一八　六二一九　六二二〇　六二二一

六二二二　六二二三　六二二四　六二二五　六二二六

六二二七

六二二八　六二二九

六二三〇　六二三三

六二三一　六二三二

六二三四

六二三五

六二三六　六二三七

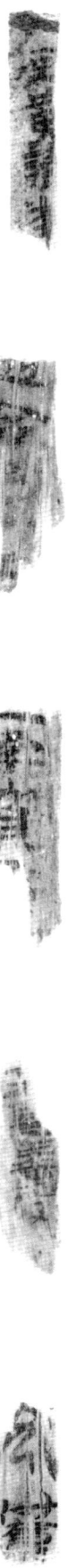

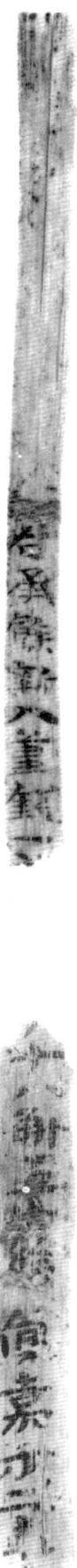

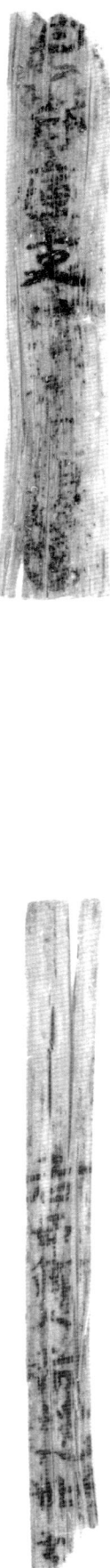

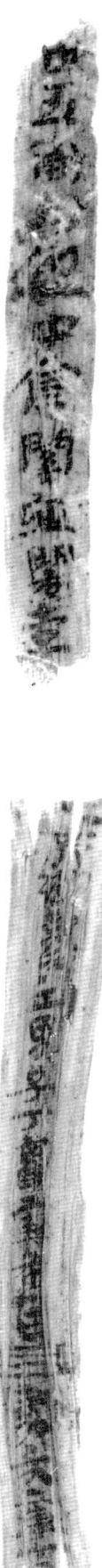

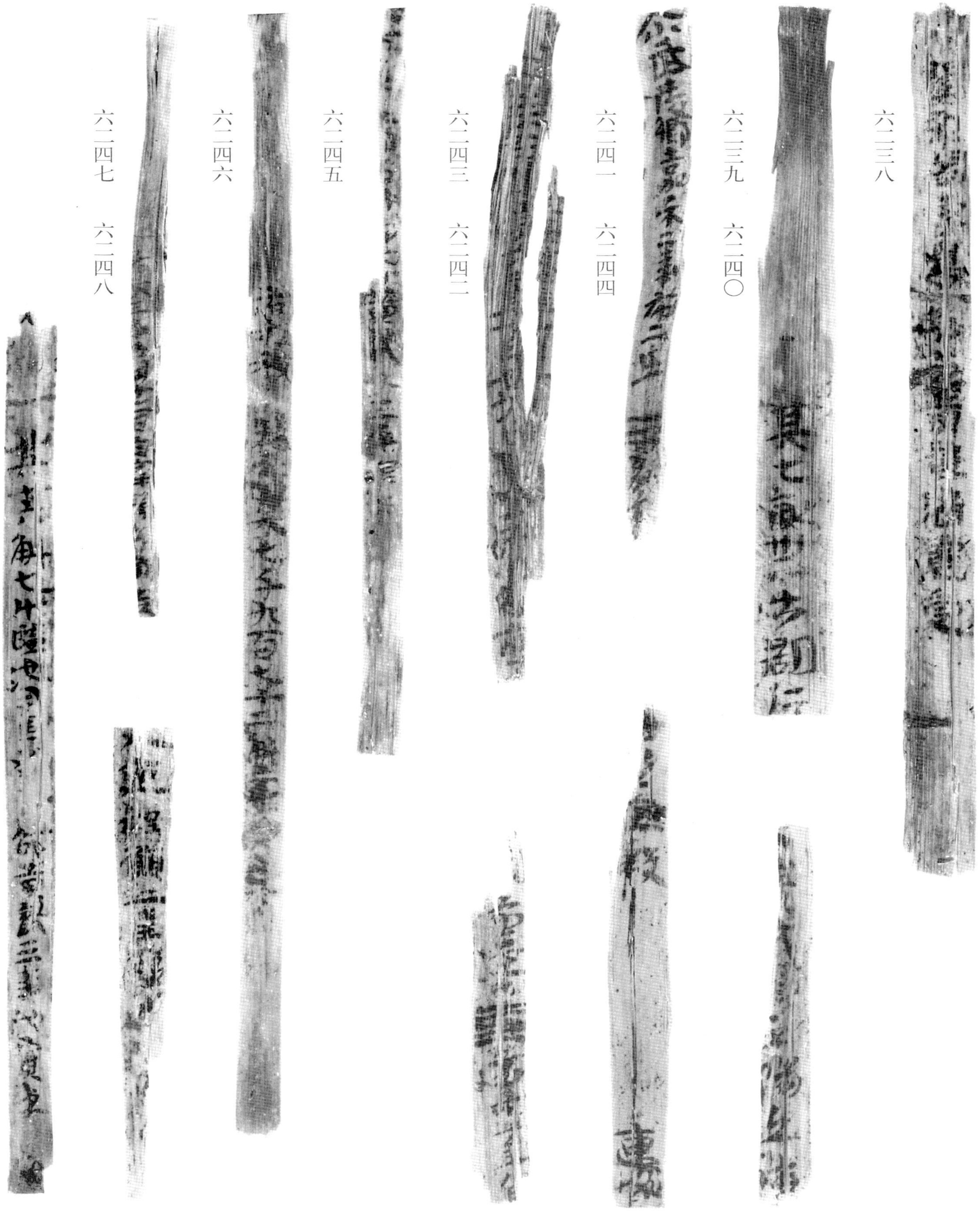

六二三八

六二三九　六二四〇

六二四一　六二四四

六二四三　六二四二

六二四五

六二四六

六二四七　六二四八

六二四九

六二五〇　六二五一

六二五二　六二五三

六二五四

六二五五　六二五九

六二五六

六二五七　六二五八

六二六〇　六二六一

六二六二　六二六三

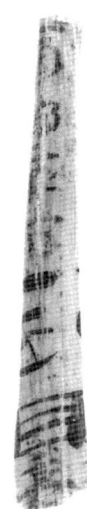

六二六四 六二六五 六二六六 六二六七 六二六八 六二六九 六二七〇 六二七一 六二七二 六二七三 六二七四 六二七五 六二七六

六二七七 六二七八 六二七九

六二八〇 六二八一 六二八四

六二八二 六二八三

六二八五 六二八六

六二八七 六二八八 六二八九

六二九〇 六二九一

六二九二 六二九三

六二九四 六二九五

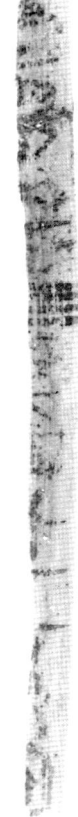

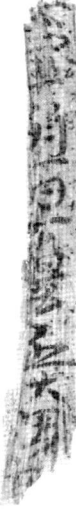

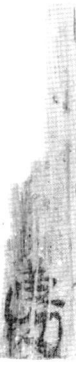

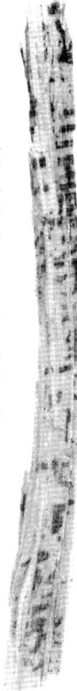

六二九六　六二九七　六二九八　六三〇三

六二九九　六三〇〇　六三〇一

六三〇二　六三〇四　六三〇五

六三〇六　六三〇七　六三〇八

六三〇九　六三一〇　六三一二

六三一一　六三一三

六三一四　六三一五

六三一六　六三一七

六三一八 六三一九 六三三四

六三二〇 六三二一 六三二八

六三二二 六三二三 六三二四

六三二五 六三二六

六三二七 六三二九 六三三六

六三三〇 六三三一

六三三二 六三三三

六三三五 六三三七 六三三八

六三三九 六三四〇 六三四二

六三四一 六三四三 六三四六

六三四四 六三四五 六三四七

六三四八 六三四九 六三五〇

六三五一 六三五二 六三五三 六三五七

六三五四 六三五五 六三五六

六三五八 六三五九 六三六〇

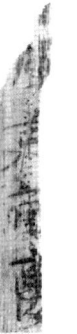

六三六一 六三六二

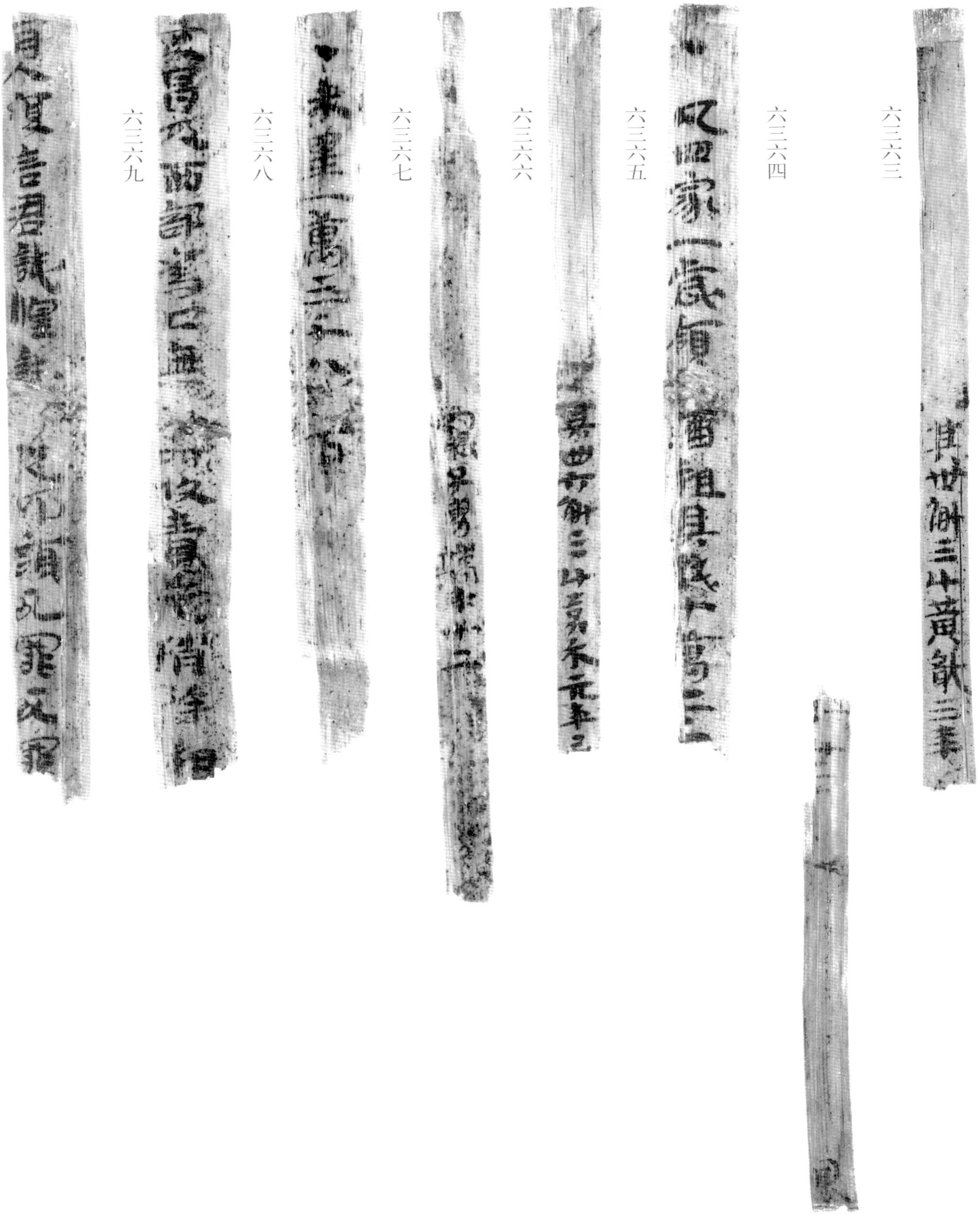

六三六三

六三六四

六三六五

六三六六

六三六七

六三六八

六三六九

六三七〇

六三七一

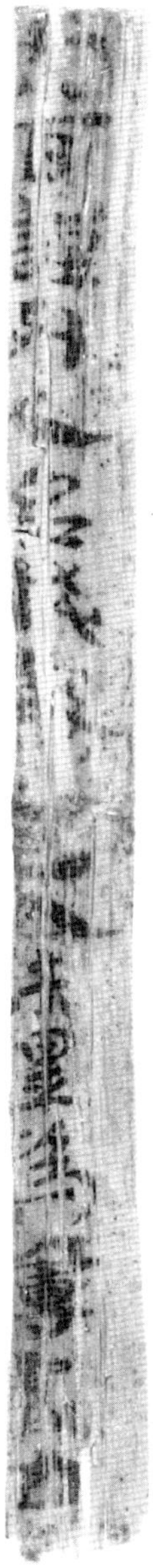

六三七二

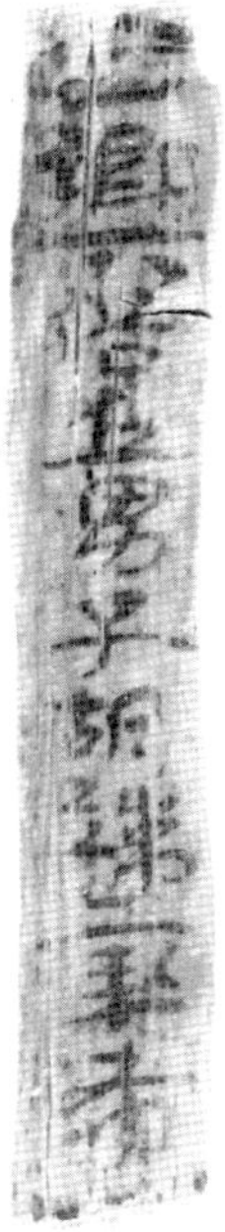

六三七三

六三七四

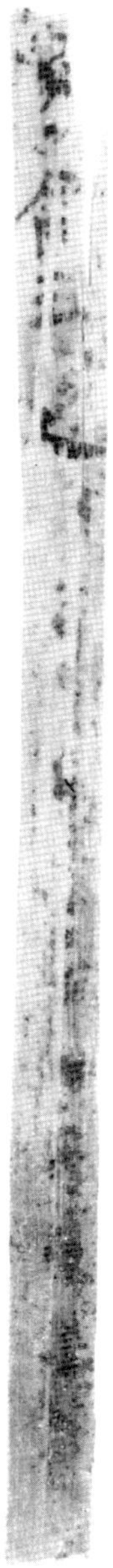

六三七五

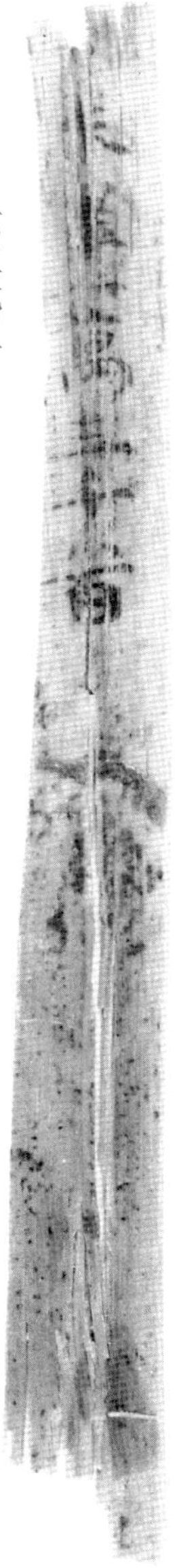

六三七六

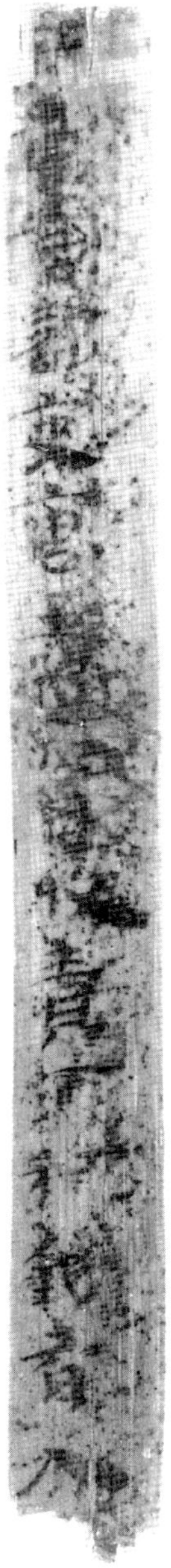

六三七七

六三七八

六三七九　六三八二

六三八〇　六三八三

六三八一

六三八四　六三八七

六三八五

六三八六

六三八八

六三八九　六三九〇

六三九一　六三九二

六三九三　六三九六

六三九四

六三九七　六三九八

六三九九　六三九五

六四〇〇

六四〇一　六四〇二

六四〇三　六四〇四

六四〇五　六四〇六　六四二二

六四〇七　六四〇八

六四〇九　六四一一

六四一〇　六四一二　六四一三

六四一四　六四一八

六四一五　六四一七

六四一六　六四一九　六四二〇

六四二一　六四二三　六四二四　六四二五

六四二六 六四二七 六四三〇

六四二八 六四三一

六四二九 六四三三

六四三二 六四三七

六四三四 六四三八

六四三五 六四四〇

六四三六 六四三九

六四四一 六四四二

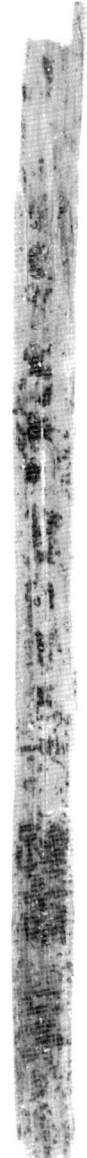

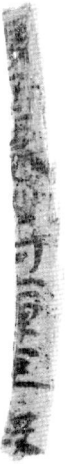

六四四三　六四四四　六四四五

六四四六　六四四八

六四四七　六四四九

六四五〇　六四五二

六四五一　六四五四

六四五三　六四五六

六四五五　六四五七　六四五八

六四五九　六四六〇　六四六一

六四六二 六四六三 六四六四 六四六八

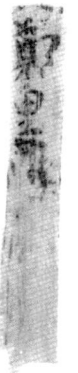

六四六五 六四六六 六四六七

六四六九 六四七〇 六四七一 六四七四

六四七二 六四七五

六四七三 六四七六 六四七八

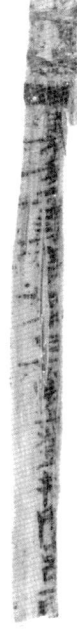

六四七七 六四七九 六四八〇 六四八二

六四八一 六四八三 六四八四 六四八五

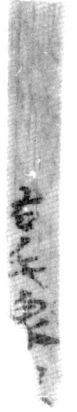

六四八六 六四八七 六四八八 六四八九

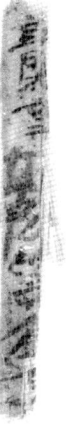

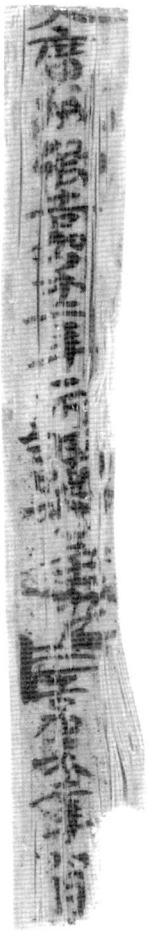

六四九〇 六四九三

六四九一 六四九二 六四九五

六四九四 六四九六

六四九七

六四九八 六五〇〇

六四九九

六五〇一

六五〇二

六五〇三 六五一〇

六五〇四 六五〇六

六五〇五 六五〇九

六五〇七 六五〇八

六五一一 六五一二

六五一三 六五一四

六五一五

六五一六

六五一七　六五一九
六五一八　六五二四
六五二〇　六五二五
六五二一　六五二七
六五二二
六五二三
六五二六　六五二九
六五二八　六五三〇

六五三一　六五三五

六五三二

六五三三

六五三四　六五三九

六五三六　六五三七

六五三八　六五四〇

六五四一

六五四二

六五四三　六五四四

六五四五　六五四六　六五四七

六五四八　六五四九

六五五〇　六五五一　六五五四

六五五二　六五五三

六五五五　六五五六

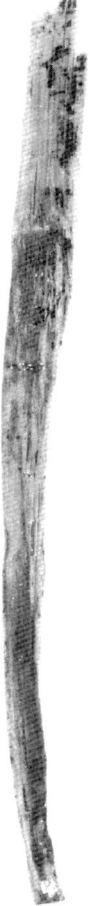

六五五七　六五五八

六五五九　六五六〇

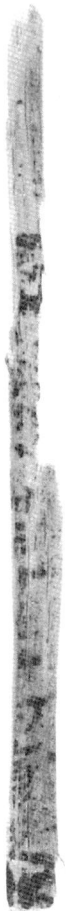

六五六一　六五六二　六五六四
六五六三　六五六七
六五六五　六五六六
六五六八　六五六九　六五七〇
六五七一　六五七二　六五七八
六五七三　六五七五　六五七七
六五七四
六五七六　六五七九　六五八〇

六五八一　六五八二　六五八三　六五八四

六五八五　六五八六　六五八七

六五八八　六五八九

六五九〇　六五九四　六五九五

六五九一　六五九六

六五九二

六五九三

六五九七　六五九八

六五九九

六六〇〇

六六〇一

六六〇二

六六〇三

六六〇四

六六〇五

六六〇六

六六〇七

六六〇八

六六〇九

六六一〇

六六一一

六六一二

六六一三

六六一四

六六一五

六六一六

六六一七

六六一八

六六一九

六六二〇

六六二一

六六二二

六六二三

六六二四

六六二五

六六二六

六六二七

六六二八

六六二九

六六三〇

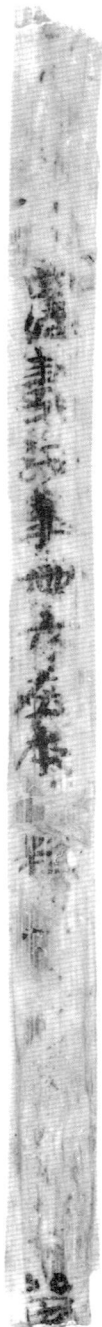

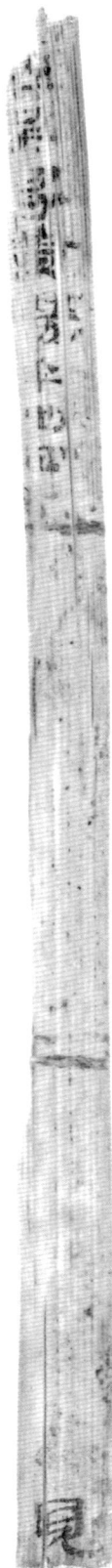

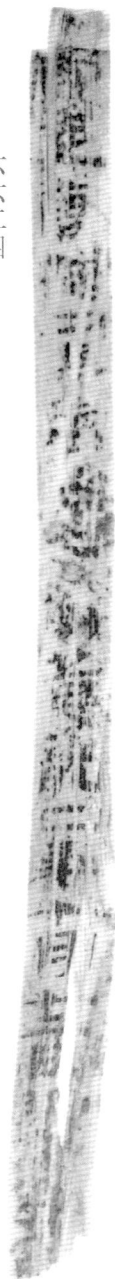

六六三一

六六三二

六六三三

六六三四

六六三五

六六三六

六六三七

六六三八

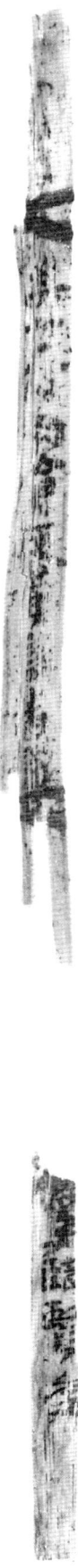

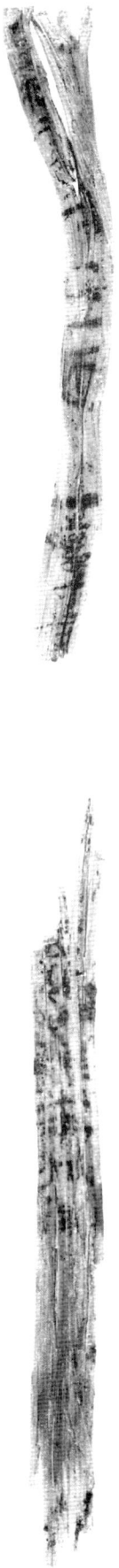

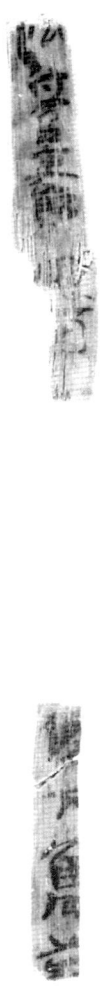

六六三九 六六四四

六六四〇 六六四五

六六四一

六六四三

六六四二 六六四六 六六四九

六六四七 六六四八

六六五〇 六六五一

六六五二

六六五三

六六五四

六六五五

六六五六

六六五七

六六五八

六六五九

六六六〇

六六六一

六六六二

六六六三

六六六四

六六六五　六六六七

六六六六

六六六八

六六六九

六六七〇
六六七一
六六七二
六六七三
六六七四
六六七五
六六七六
六六七七

六六七八 六六七九 六六八〇 六六八一 六六八二 六六八三 六六八四 六六八五

六六八六

六六八七

六六八八

六六八九

六六九〇

六六九一

六六九二

六六九三

六六九四
六六九五
六六九六
六六九七
六六九八
六六九九
六七〇〇
六七〇一

六七〇二

六七〇三

六七〇四

六七〇五

六七〇六

六七〇七

六七〇八

六七〇九

六七一〇

六七一一

六七一二

六七一三

六七一四

六七一五

六七一六

六七一七

六七一八

六七一九

六七二〇

六七二一

六七二二

六七二三

六七二四

六七二五

六七二六 六七二七 六七二八 六七二九 六七三〇 六七三一 六七三二 六七三三 六七三四

六七三五

六七三六

六七三七

六七三九

六七四一

六七四二

六七三八

六七四三

六七四〇

六七四四

六七四五

六七四六

六七四七

六七四八

六七四九

六七五〇

六七五一

六七五二

六七五三

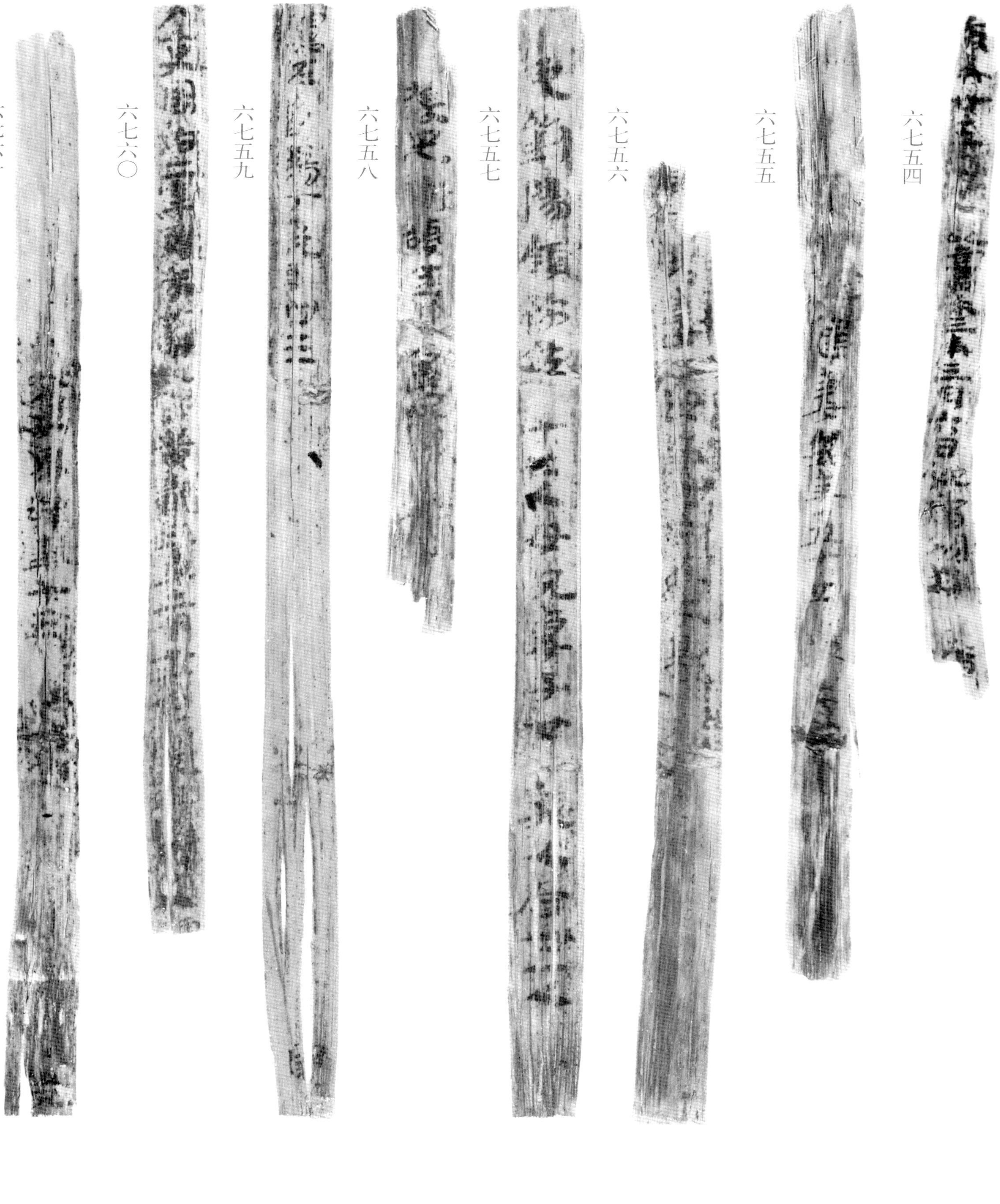

六七五四
六七五五
六七五六
六七五七
六七五八
六七五九
六七六〇
六七六一

六七六二 六七六五 六七六三 六七六四 六七六六 六七六七 六七六八 六七六九 六七七〇

六七七一

六七七二

六七七三

六七七四

六七七五

六七七六

六七七七

六七七八

六七七九

六七八〇

六七八一

六七八二

六七八三

六七八四

六七八五

六七八六

六七八七　六七九三

六七八八　六七九八

六七九〇　六七九二

六七九四　六七九一

六七九五

六七九六

六七九七　六七八九

六七九九

六八〇〇

六八〇一

六八〇二

六八〇三

六八〇四

六八〇五

六八〇六

六八〇七

六八〇八

六八〇九

六八一〇

六八一四

六八一一

六八一二

六八一三

六八一五

六八一六

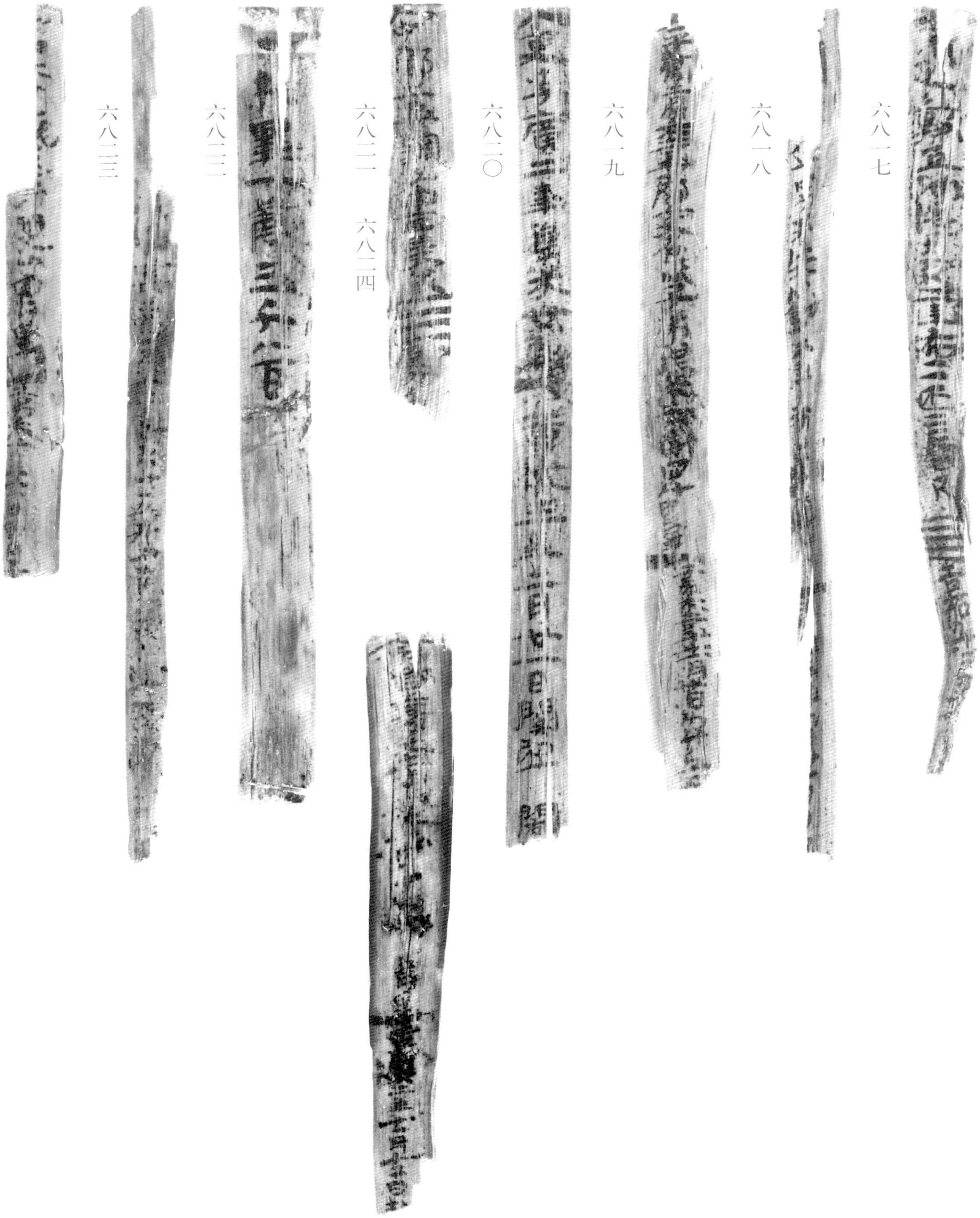

六八一七

六八一八

六八一九

六八二〇

六八二一

六八二四

六八二二

六八二三

六八二五

六八二六

六八二七

六八二八

六八二九

六八三〇

六八三一

六八三二

六八三三

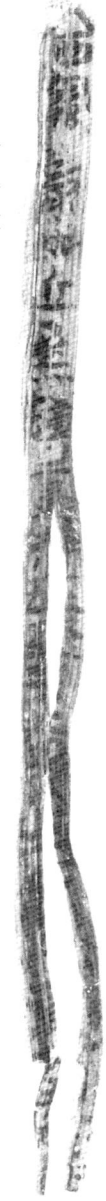

六八三四

六八三五

六八三六

六八三七

六八三八 六八三九

六八四〇

六八四一

六八四二

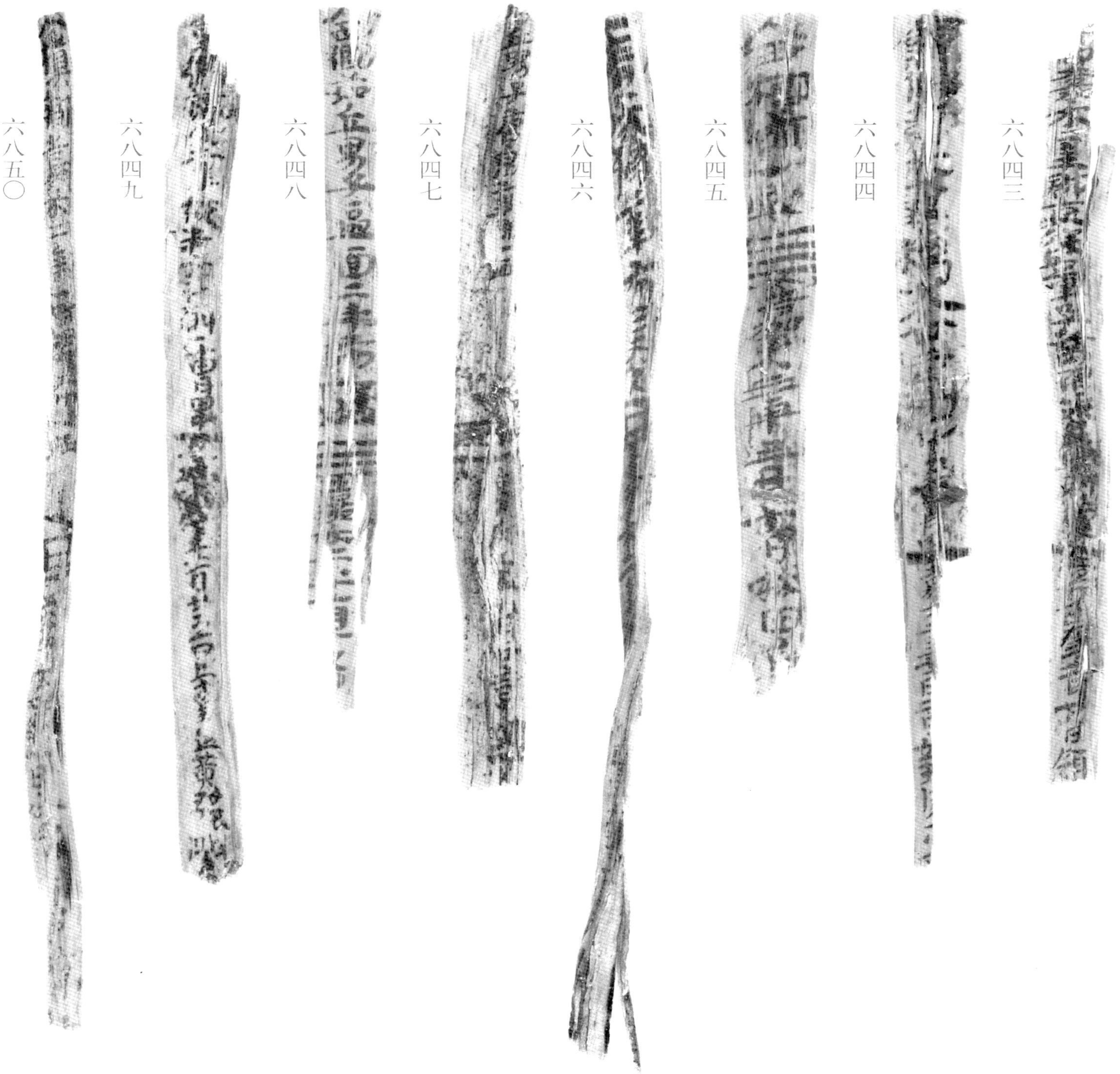

六八四三

六八四四

六八四五

六八四六

六八四七

六八四八

六八四九

六八五〇

六八五一 六八五二 六八五三 六八五四 六八五五 六八五六 六八五七 六八五八

六八五九　六八六〇

六八六一

六八六二

六八六三

六八六四

六八六五

六八六六

六八六七

六八六八　六八七一

六八六九　六八七二

六八七〇　六八七四

六八七三

六八七五　六八七七

六八七六　六八七八

六八七九

六八八〇

六八八一 六八八八

六八八二

六八八三

六八八四 六八八七

六八八五

六八八六

六八八九 六八九〇

六八九一　六八九二　六八九三　六八九四

六八九五　六八九六　六八九七　六八九八

六八九九　六九〇〇　六九〇二

六九〇一

六九〇三

六九〇四

六九〇五

六九〇六

六九〇七 六九〇八

六九〇九

六九一〇

六九一一

六九一二

六九一三

六九一四

六九一五

六九一六

六九一七

六九一八

六九一九

六九二〇

六九二一

六九二二

六九二三

六九二四　六九二五

六九二六　六九二七

六九二八　六九二九

六九三〇

六九三一　六九三二

六九三三　六九三四

六九三五

六九三六

六九三七

六九三八

六九三九

六九四〇

六九四一

六九四二　六九四三

六九四四

六九四五　六九五〇

六九四六

六九四七

六九四八　六九五一

六九四九

六九五二

六九五三

六九五四
六九五五
六九五六　六九六〇
六九五七正　六九六一
六九五七背
六九五八
六九五九
六九六二

六九六三　六九六四　六九六五

六九六六　六九六七　六九七三

六九六八　六九六九

六九七〇

六九七一

六九七二　六九七四

六九七五　六九七六　六九七七

六九七八　六九七九　六九八〇

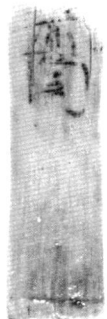

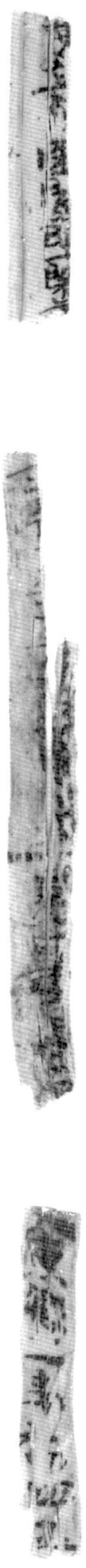

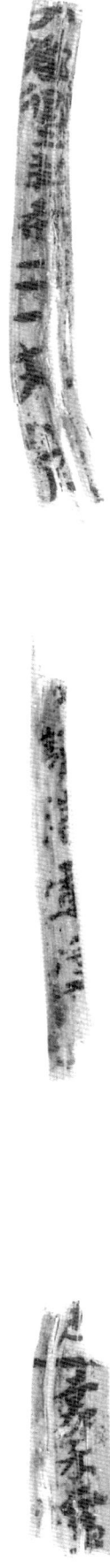

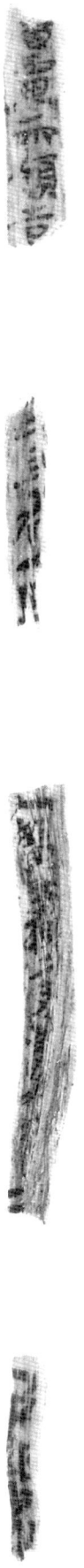

六九八一 六九八二 六九八三
六九八四 六九八五 六九八六
六九八七 六九八八 六九八九
六九九〇 六九九一 六九九二
六九九三 六九九四 六九九五
六九九六 六九九七 六九九八 六九九九
七〇〇〇 七〇〇一 七〇〇二
七〇〇三 七〇〇四 七〇〇五 七〇〇六

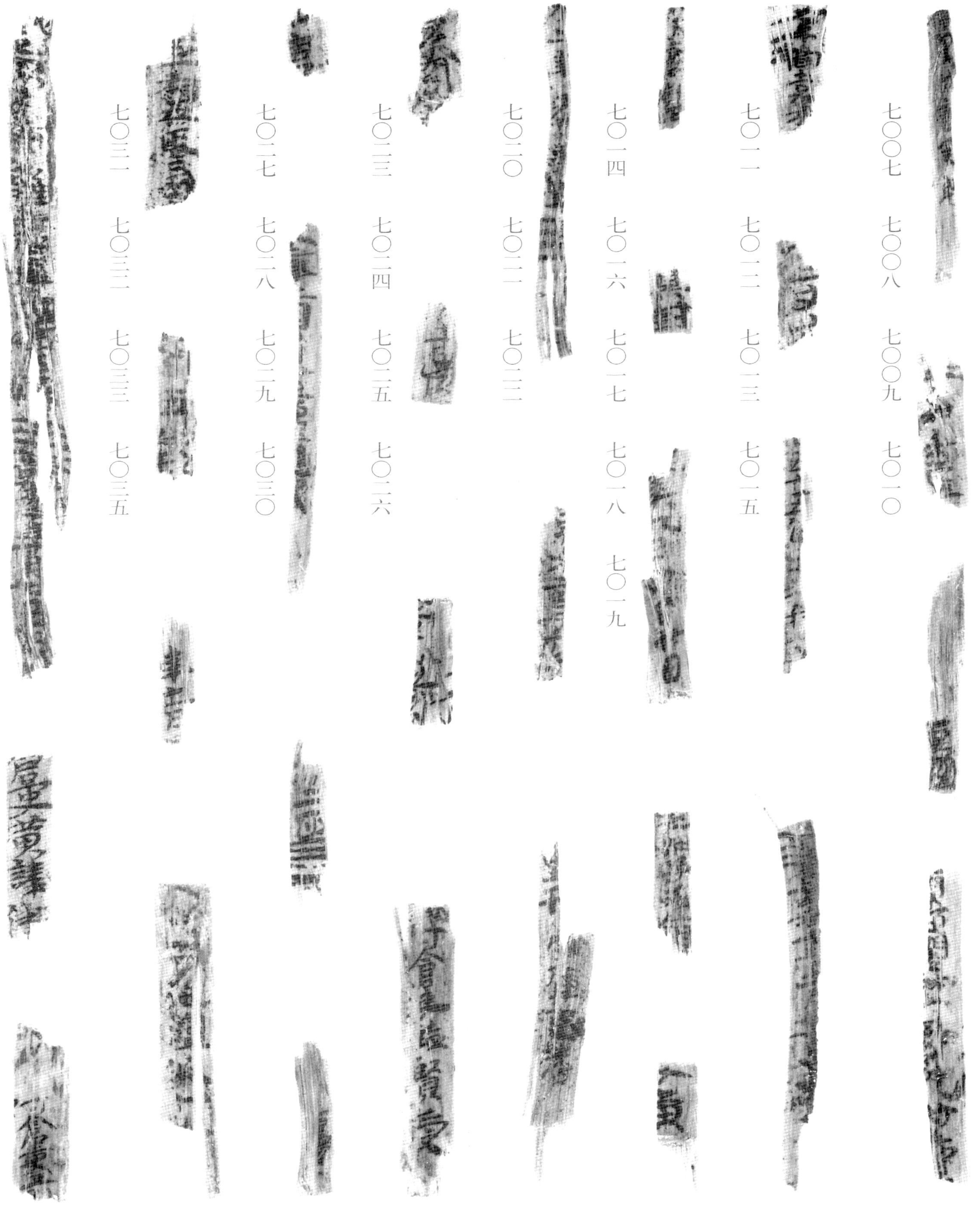

七〇〇七　七〇〇八　七〇〇九　七〇一〇

七〇一一　七〇一二　七〇一三　七〇一五

七〇一四　七〇一六　七〇一七　七〇一八　七〇一九

七〇二〇　七〇二一　七〇二二

七〇二三　七〇二四　七〇二五　七〇二六

七〇二七　七〇二八　七〇二九　七〇三〇

七〇三一　七〇三二　七〇三三　七〇三五

七〇三四　七〇三六　七〇三七

七〇三八 七〇三九 七〇四〇 七〇四一

七〇四二 七〇四三 七〇四四 七〇四五

七〇四六 七〇四七 七〇四八

七〇四九

七〇五〇

七〇五一 七〇五二

七〇五三 七〇五四 七〇五五 七〇五七

七〇五六甲 七〇五六乙 七〇五八

七〇五九 七〇六〇 七〇六一

七〇六二 七〇六三 七〇六四 七〇六五

七〇六六 七〇六七 七〇六八 七〇六九

七〇七〇 七〇七一 七〇七二 七〇七三

七〇七四 七〇七五 七〇七六 七〇七七

七〇七八 七〇七九 七〇八〇

七〇八一 七〇八二 七〇八三 七〇八四

七〇八五 七〇八六 七〇八七 七〇八八 七〇八九

七〇九〇　七〇九一　七〇九二　七〇九三

七〇九四　七〇九五　七〇九六　七〇九七

七〇九八　七〇九九　七一〇一

七一〇〇　七一〇二　七一〇三　七一〇四　七一〇五

七一〇六　七一〇七　七一〇八　七一〇九　七一一〇

七一一一　七一一二　七一一三　七一一四

七一一五　七一一六　七一一七　七一一八　七一一九

七一二〇　七一二一　七一二二　七一二三

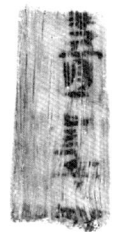

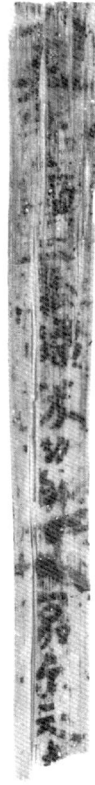

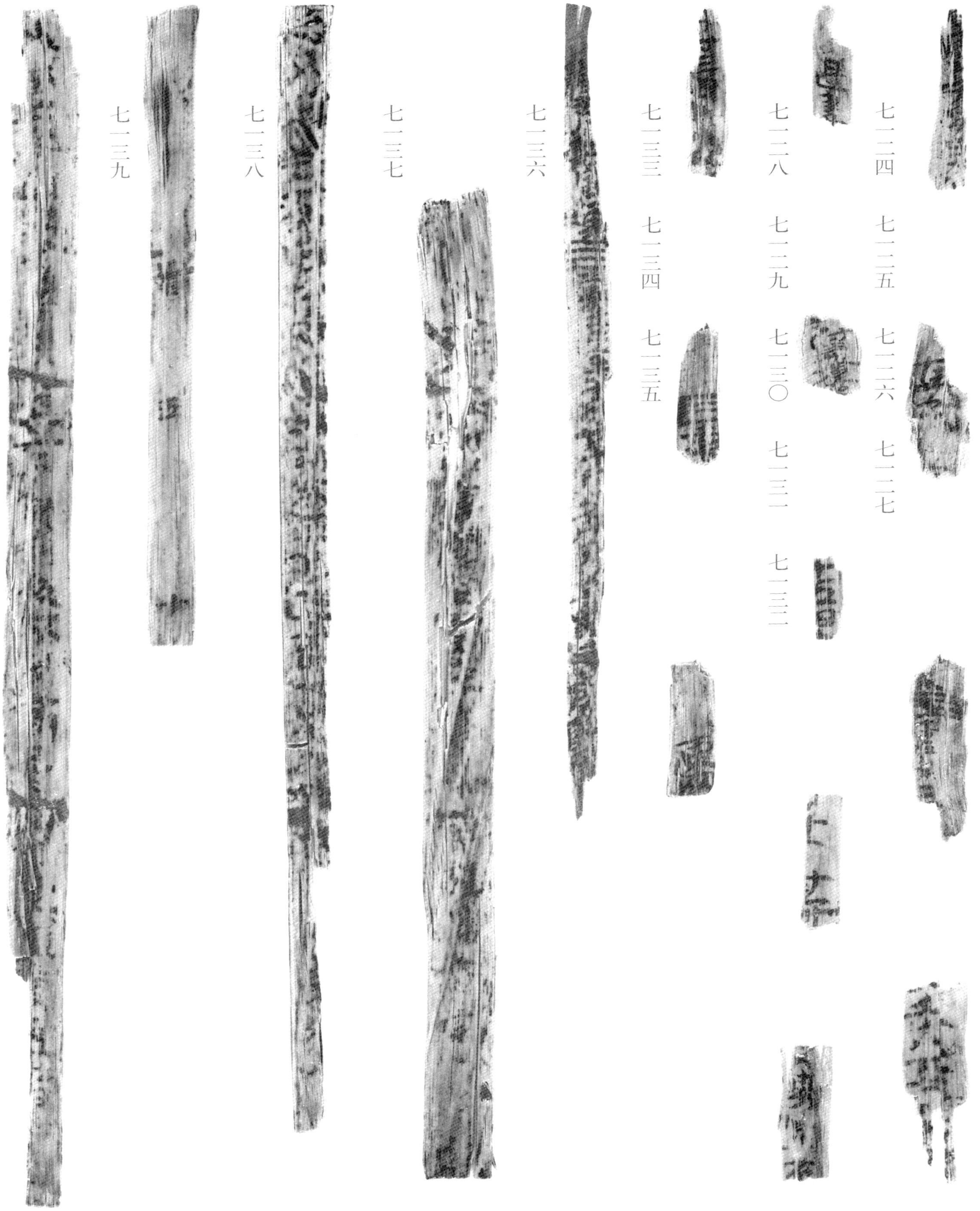

七一二四　七一二五　七一二六　七一二七

七一二八　七一二九　七一三〇　七一三一　七一三二

七一三三　七一三四　七一三五

七一三六

七一三七

七一三八

七一三九

七一四〇

七一四一　七一四五

七一四二　七一四三

七一四四

七一四六　七一四九

七一四七

七一四八　七一五〇

七一五一

七一五二

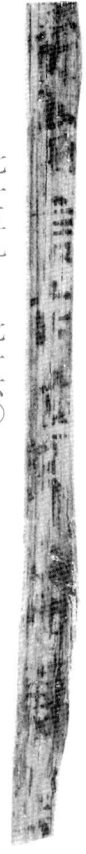

七一五三　七一五七

七一五四　七一五六

七一五五　七一五八

七一五九　七一六〇

七一六一　七一六八

七一六二　七一六三　七一六四

七一六五　七一六六

七一六七　七一六九

七一七〇 七一七一 七一七二

七一七三 七一七四 七一七五

七一七六 七一七七 七一七八 七一七九

七一八〇 七一八一 七一八二 七一八三

七一八四 七一八五

七一八六 七一八七

七一八八 七一八九 七一九〇

七一九一 七一九二 七一九三 七一九四

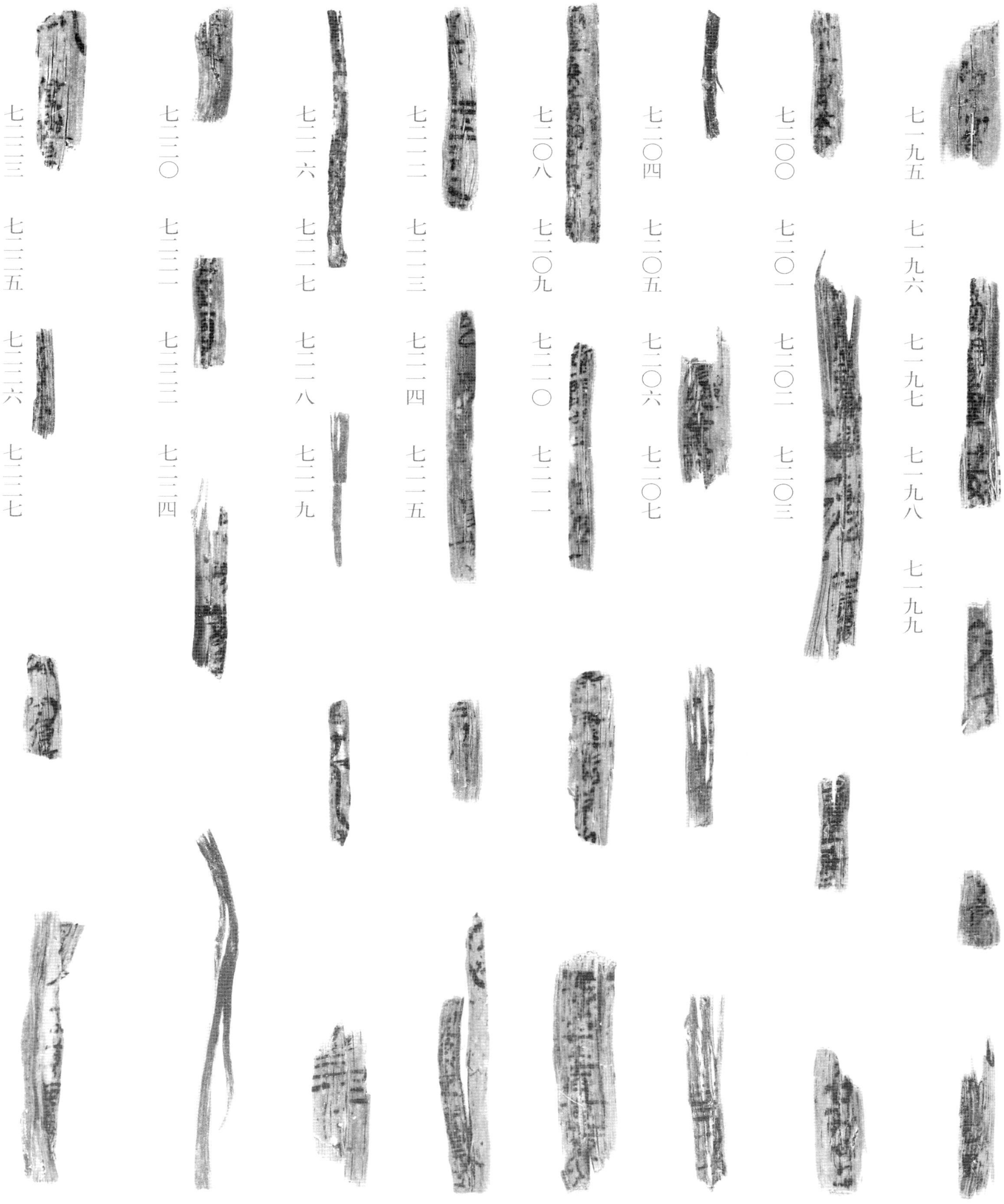

七一九五 七一九六 七一九七 七一九八 七一九九

七二〇〇 七二〇一 七二〇二 七二〇三

七二〇四 七二〇五 七二〇六 七二〇七

七二〇八 七二〇九 七二一〇 七二一一

七二一二 七二一三 七二一四 七二一五

七二一六 七二一七 七二一八 七二一九

七二二〇 七二二一 七二二二 七二二四

七二二三 七二二五 七二二六 七二二七

七二二八　七二二九　七二三〇　七二三一

七二三二　七二三三　七二三四　七二三五

七二三六　七二三八

七二三七

七二三九　七二四〇

七二四一　七二四二

七二四三

七二四四

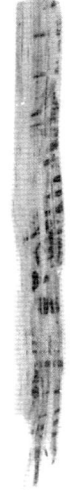

七二四五 七二四六

七二四七 七二四八 七二四九

七二五〇 七二五一 七二五二

七二五三 七二五四 七二五七

七二五五 七二五六

七二五八 七二五九 七二六〇

七二六一 七二六二 七二六三 七二六四

七二六五 七二六六 七二六七 七二六八

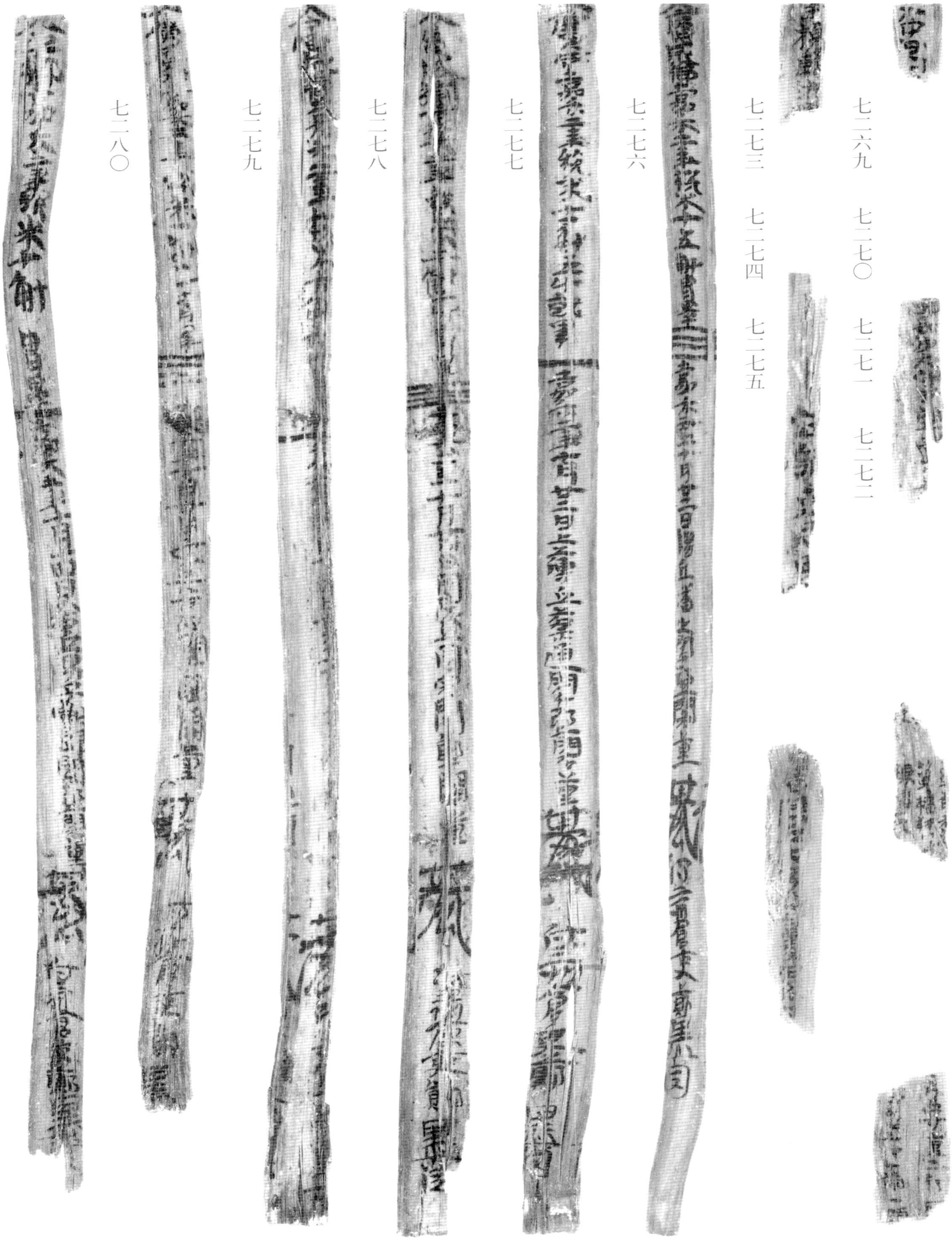

七二六九 七二七〇 七二七一 七二七二

七二七三 七二七四 七二七五

七二七六

七二七七

七二七八

七二七九

七二八〇

七二八一

七二八二 七二八三 七二八四 七二八五 七二八六 七二八七 七二八八 七二八九

七二九〇

七二九一

七二九二

七二九三

七二九四

七二九五

七二九六

七二九七

七二九八
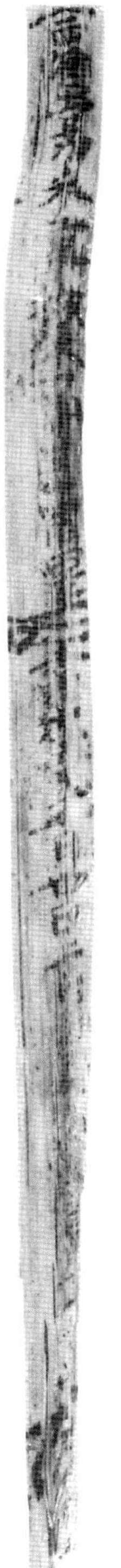

七二九九

七三〇〇
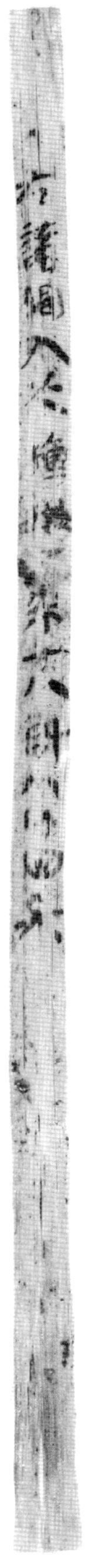

七三〇一
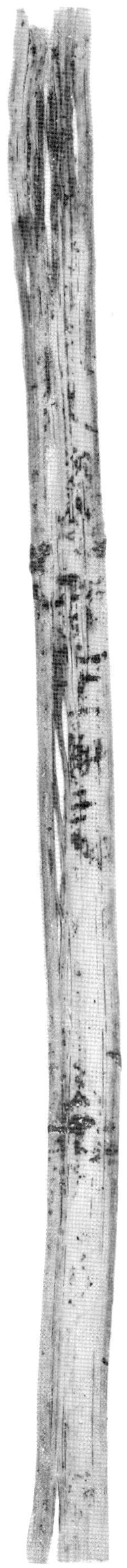

七三〇二
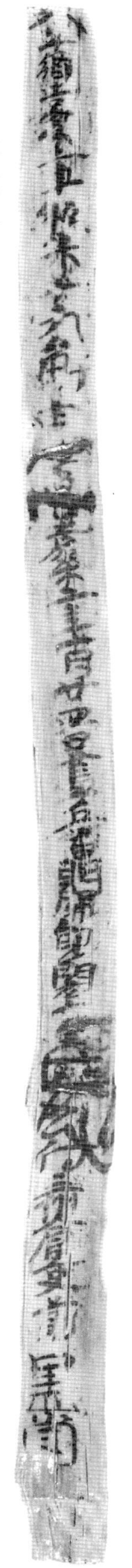

七三〇三
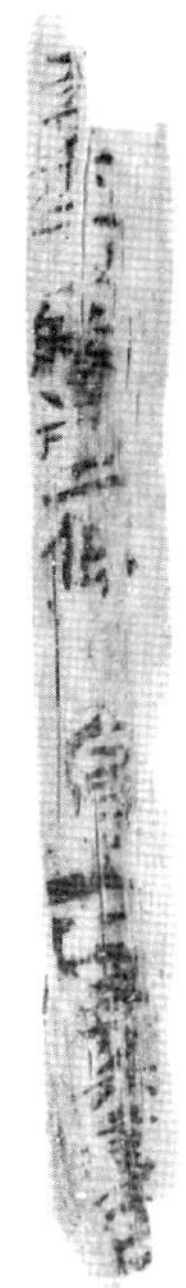

七三〇四

七三〇五
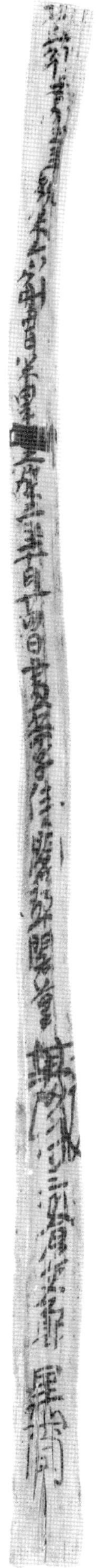

七三〇六

七三〇七

七三〇八

七三〇九

七三一〇

七三一一

七三一二

七三一三

七三一四
七三一五
七三一六
七三一七
七三一八
七三一九
七三二〇
七三二一

七三二二

七三二三

七三二四

七三二五

七三二六

七三二七

七三二八

七三二九

七三三〇

七三三一

七三三二

七三三三

七三三四

七三三五

七三三六

七三三七

七三三八

七三三九

七三四〇

七三四一

七三四二

七三四三

七三四四

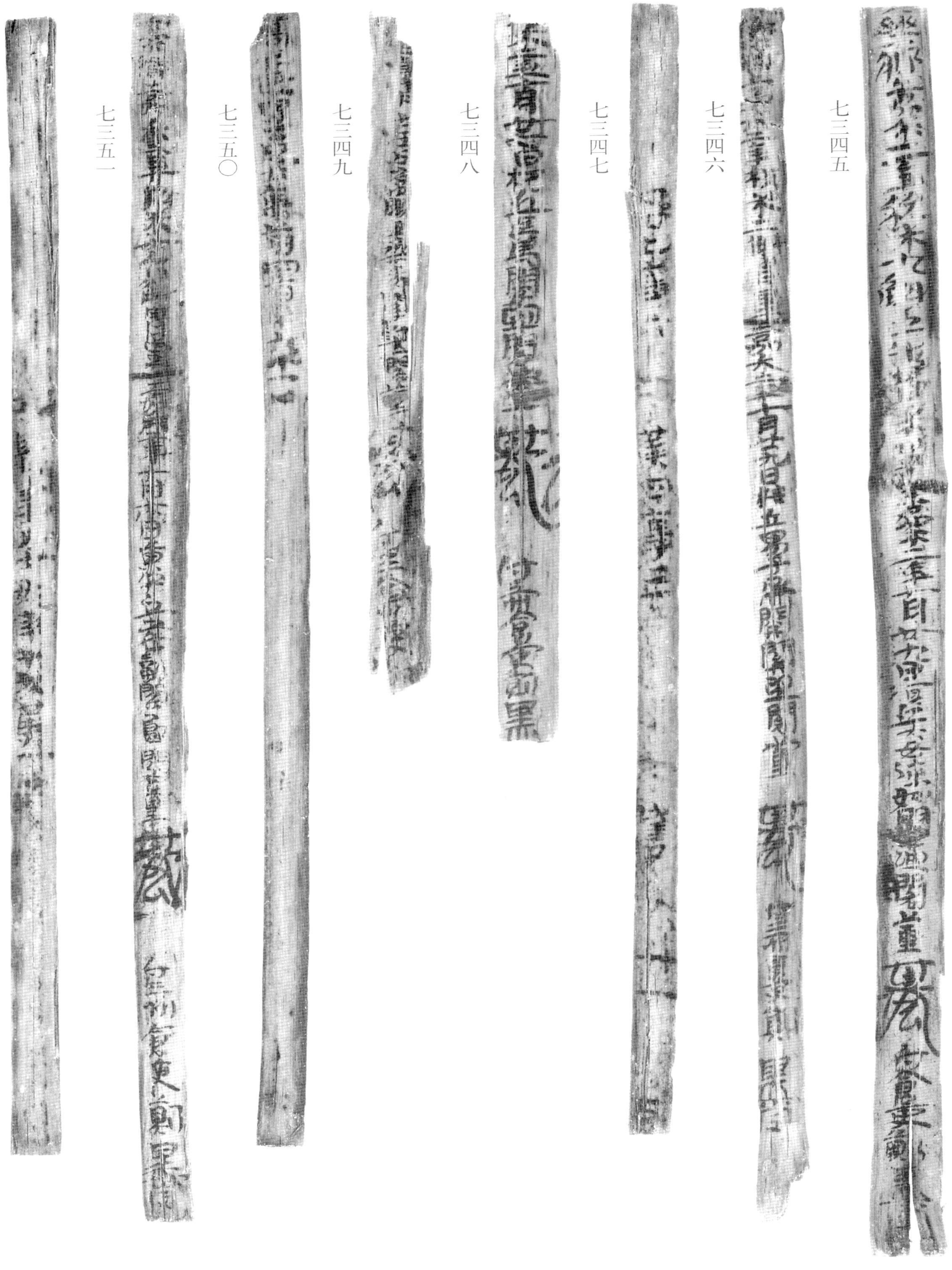

七三四五 七三四六 七三四七 七三四八 七三四九 七三五〇 七三五一 七三五二

七三五三

七三五四

七三五五

七三五六

七三五七

七三五八

七三五九

七三六〇

七三六一

七三六二

七三六三

七三六四

七三六五

七三六六

七三六七

七三六八

七三六九

七三七〇

七三七一

七三七二

七三七三

七三七四

七三七五

七三七六

七三七七

七三七八

七三七九

七三八〇

七三八一

七三八二

七三八三

七三八四

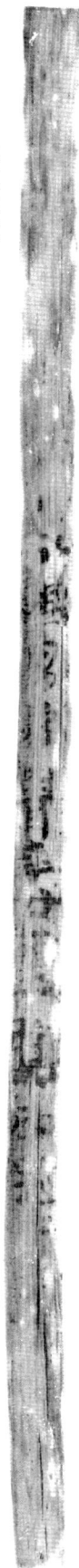

七三八五

七三八六

七三八七　七三八九

七三八八

七三九〇

七三九一

七三九二

七三九三

七三九四　七三九九
七三九五
七三九六　七四〇二
七三九七
七三九八
七四〇〇
七四〇一
七四〇三

七四〇四

七四〇五

七四〇六

七四〇七

七四〇八

七四〇九

七四一〇

七四一一

七四一二

七四一三

七四一四

七四一五

七四一六

七四一七

七四一八

七四一九

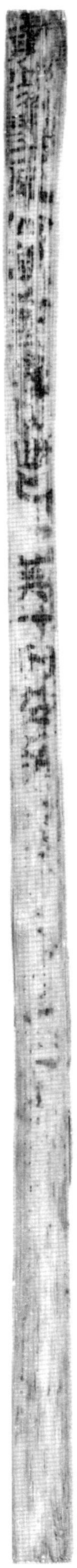

七四二〇

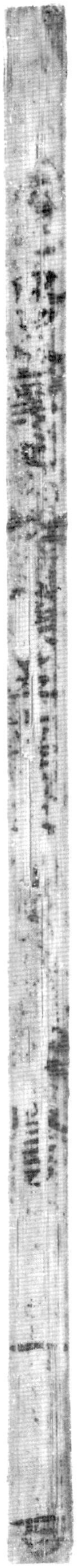

七四二一

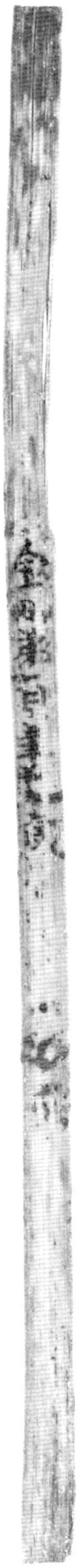

七四二二

七四二三

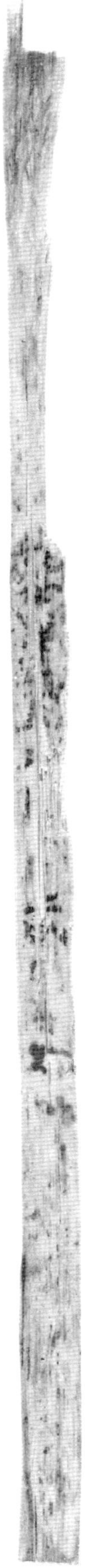

七四二四

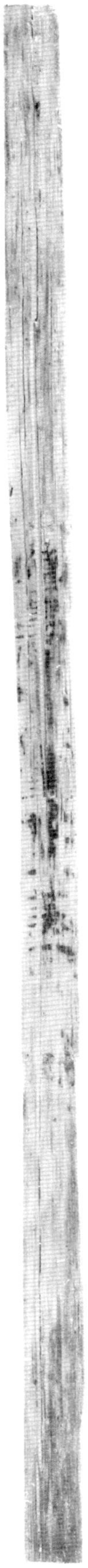

七四二五

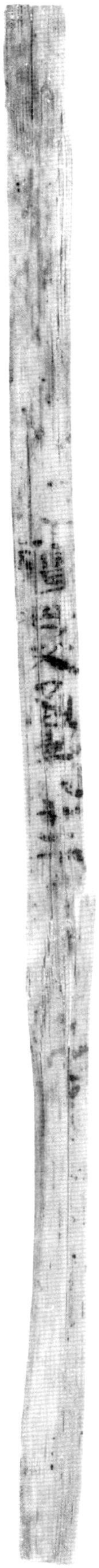

七四二六

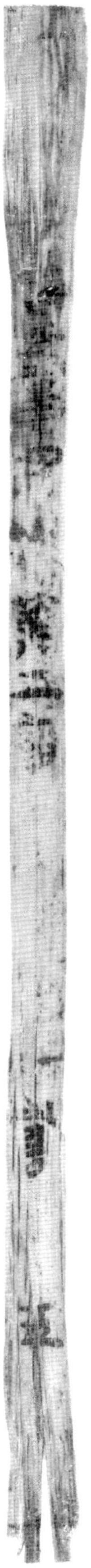

七四二七

七四二八 七四二九 七四三〇 七四三一 七四三二 七四三三 七四三四 七四三五

七四三六　七四三七　七四三八　七四三九　七四四〇　七四四一　七四四二　七四四三

七四四四

七四四五

七四四六

七四四七

七四四八

七四四九

七四五〇

七四五一

七四五二

七四五三

七四五四

七四五五

七四五六

七四五七

七四五八

七四五九

七四六〇

七四六一

七四六二

七四六三

七四六四

七四六五

七四六六

七四六七

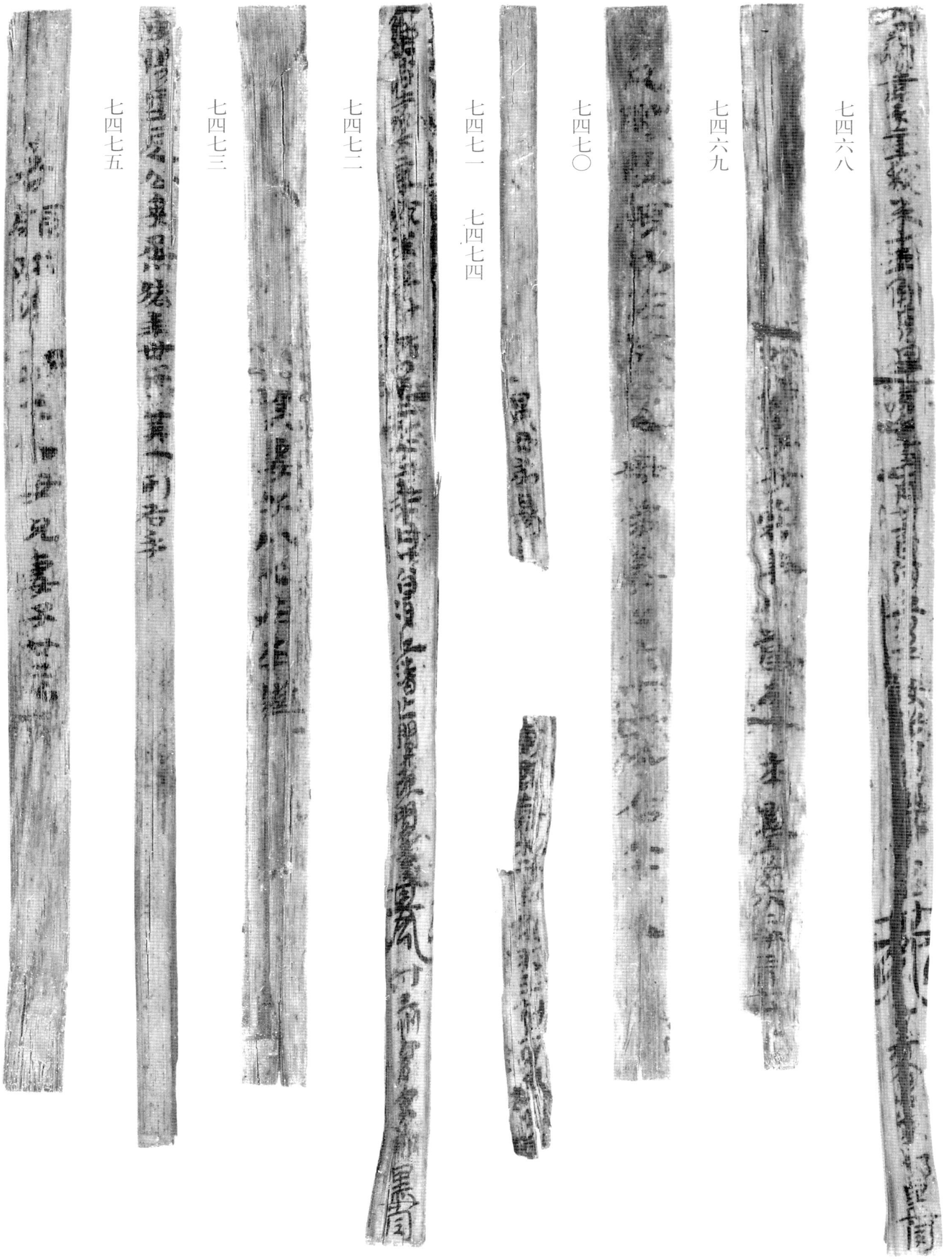

七四六八

七四六九

七四七〇

七四七一

七四七四

七四七二

七四七三

七四七五

七四七六

七四七七

七四七八

七四七九

七四八〇

七四八一

七四八二

七四八三

七四八四

七四八五

七四八六

七四八七

七四八八

七四八九

七四九〇

七四九一

七四九二

七四九三

七四九四

七四九五

七四九六

七四九七

七四九八

七四九九

七五〇〇

七五〇一

七五〇二

七五〇三

七五〇四

七五〇五

七五〇六

七五〇七

七五〇八

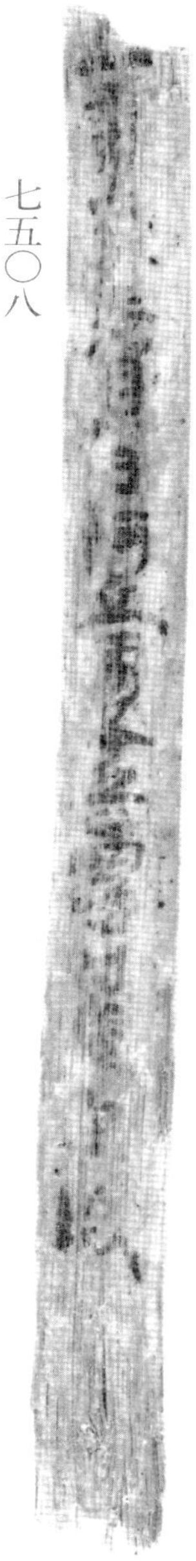

七五〇九

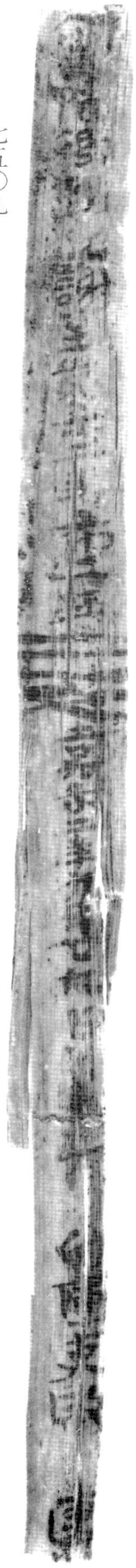

七五一〇

七五一一

七五一二

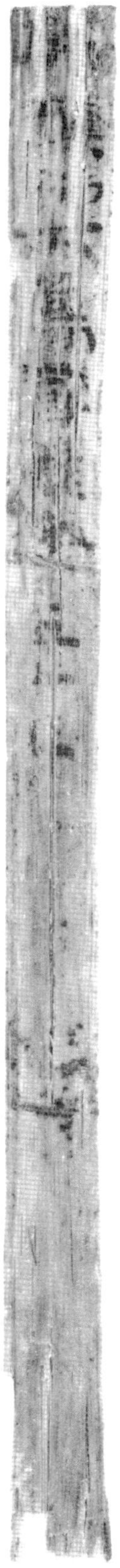

七五一三

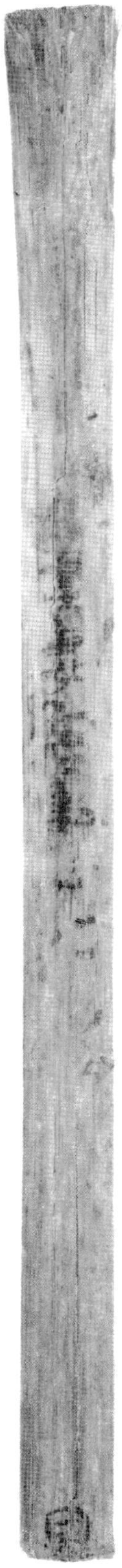

七五一四

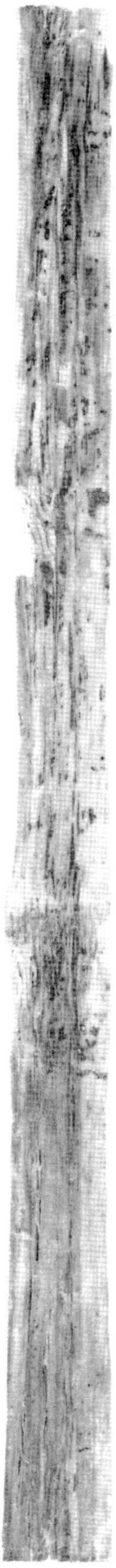

七五一五

七五一六

七五一七

七五一八

七五一九

七五二〇

七五二一

七五二二

七五二三

七五二四

七五二五

七五二六

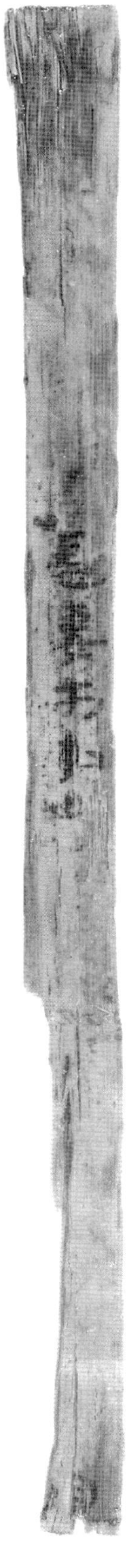

七五二七

七五二八

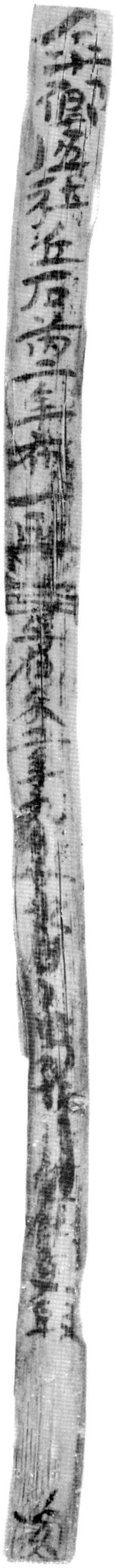

七五二九

七五三〇

七五三一

七五三二

七五三三

七五三四

七五三五

七五三六

七五三七

七五三八

七五三九

七五四〇

七五四一

七五四二

七五四三

七五四四

七五四五

七五四六

七五四七

七五四八

七五四九

七五五〇　七五五二

七五五一

七五五三　七五五四

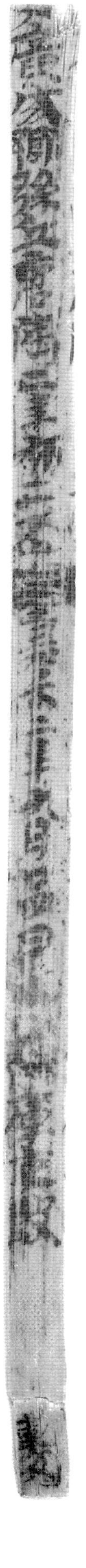
七五五五

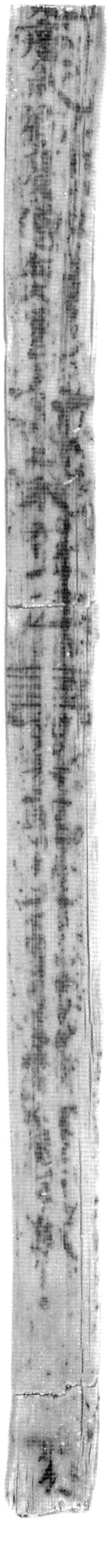
七五五六

七五五七

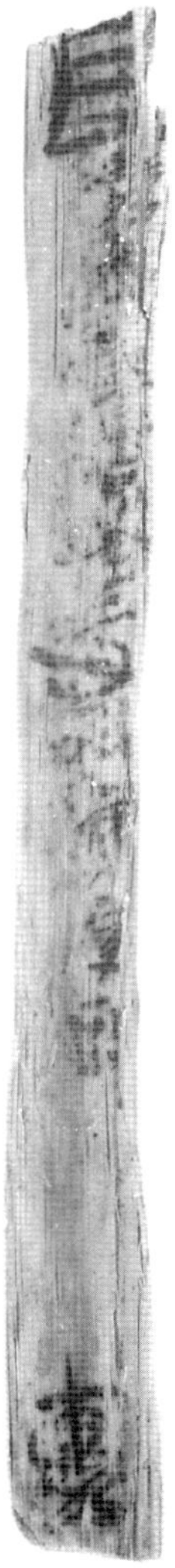
七五五八

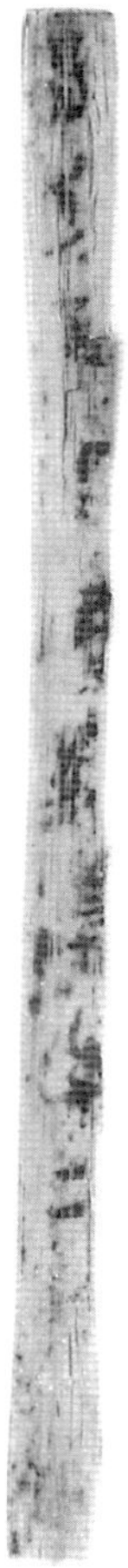
七五五九

七五六〇

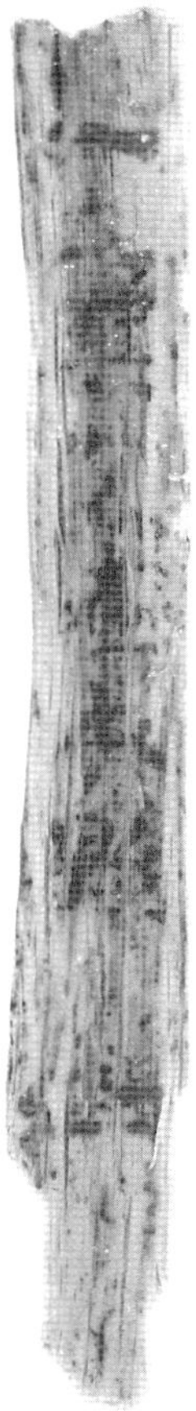
七五六一

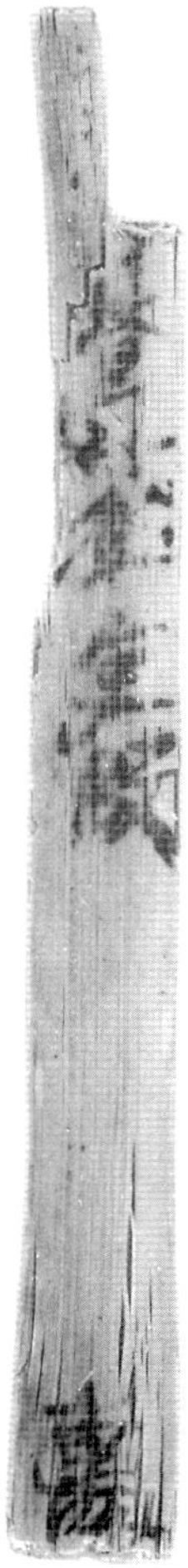
七五六二

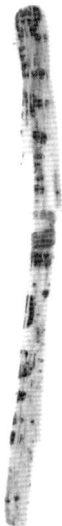

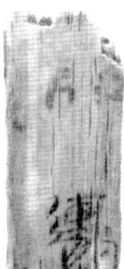

七五六三 七五六五

七五六四 七五六六 七五六八

七五六七 七五六九

七五七〇 七五七一

七五七二 七五七三 七五七八

七五七四 七五七五 七五七六 七五七七

七五七九 七五八〇

七五八一

七五八二　七五八三　七五八四

七五八五　七五九〇　七五九二

七五八六　七五九一

七五八七

七五八八　七五八九

七五九三

七五九四

七五九五

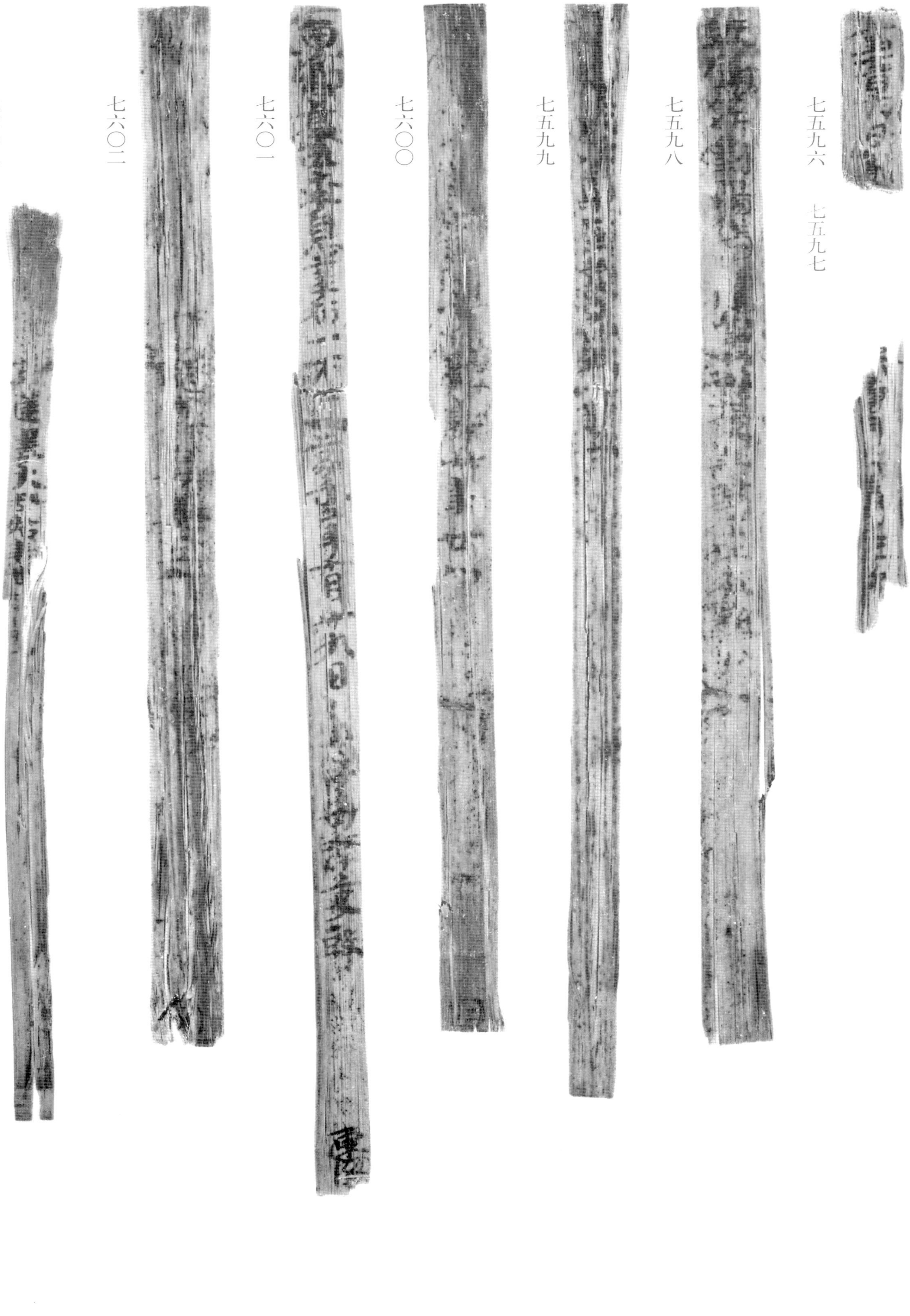

七五九六

七五九七

七五九八

七五九九

七六〇〇

七六〇一

七六〇二

七六〇三

七六〇四

七六〇五

七六〇六

七六〇七

七六〇八

七六〇九

七六一〇

七六一一

七六一二　七六一三

七六一四

七六一五

七六一六

七六一七　七六一八　七六一九

七六二〇　七六二一

七六二二　七六二三　七六二四　七六二五

七六二六　七六二七　七六二八

七六二九

七六三〇

七六三一

七六三二

七六三三

七六三四

七六三五

七六三六

七六三七

七六三八

七六三九

七六四〇

七六四一

七六四二

七六四三

七六四四

七六四五

七六四六

七六四七

七六四八

七六四九

七六五〇

七六五一

七六五二

七六五三 七六五四 七六五五 七六五六 七六五七 七六五八 七六五九 七六六〇

七六六一

七六六二

七六六三

七六六四

七六六五

七六六六

七六六七

七六六八

七六六九

七六七〇

七六七一

七六七二

七六七三

七六七五

七六七四

七六七六

七六七七

七六七八

七六七九

七六八〇

七六八一

七六八二

七六八三

七六八四

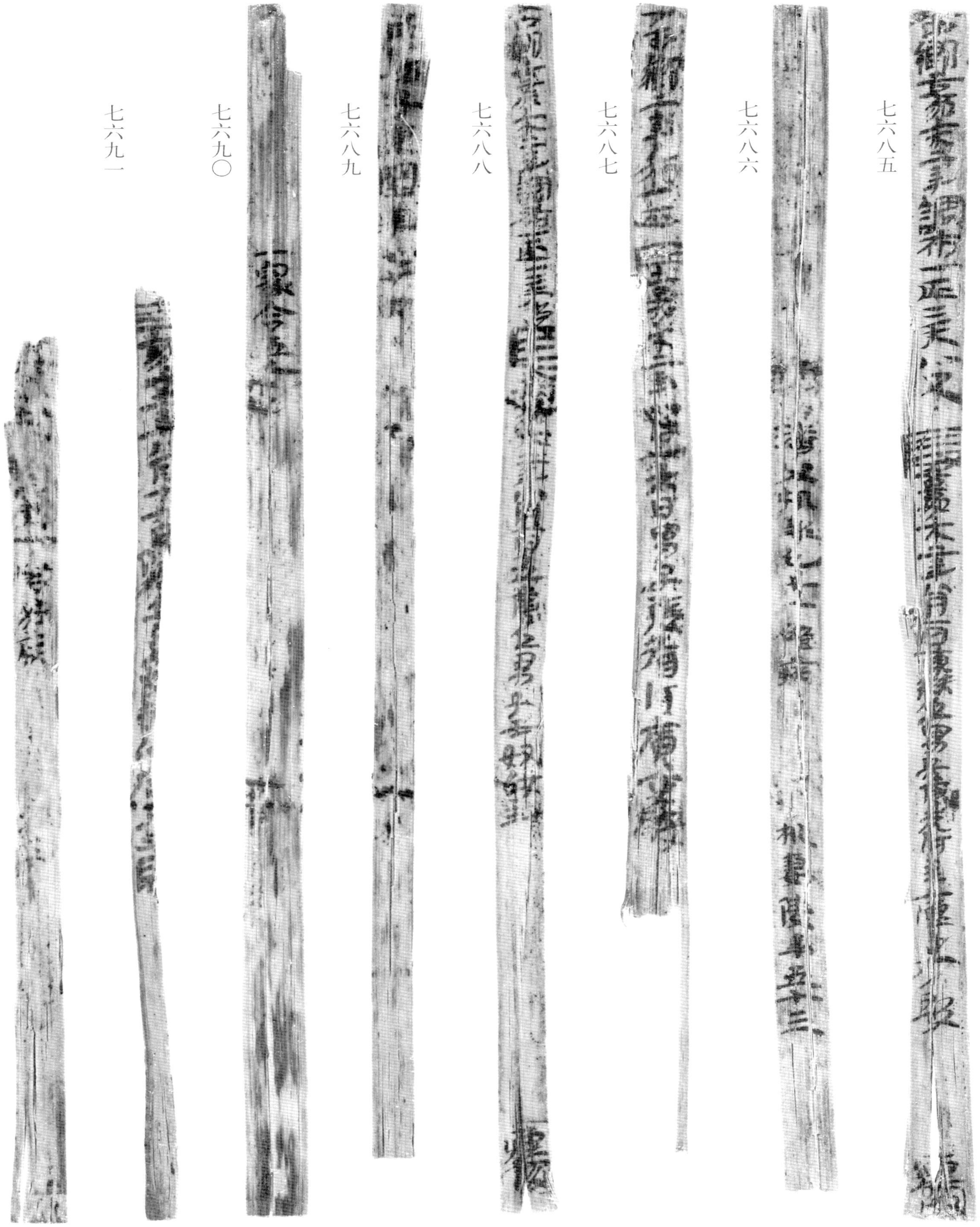

七六八五

七六八六

七六八七

七六八八

七六八九

七六九〇

七六九一

七六九二

七六九三

七六九四

七六九五　七六九七

七六九六

七六九八

七六九九

七七〇〇

七七〇一

七七〇二

七七〇三

七七〇四

七七〇五

七七〇六

七七〇七

七七〇八

七七〇九

七七一〇

七七一一

七七一二

七七一三

七七一四

七七一五

七七一六

七七一七甲　七七一七乙

七七一八

七七一九

七七二〇

七七二一

七七二二　七七二三

七七二四　七七二五

七七二六

七七二七

七七二八

七七二九

七七三〇　七七三一

七七三二　七七三三

七七三四　七七三五　七七三六

七七三七　七七三八

七七三九　七七四〇

七七四一　七七四二

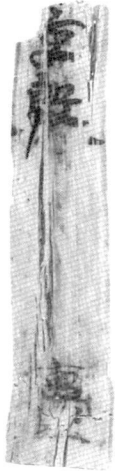

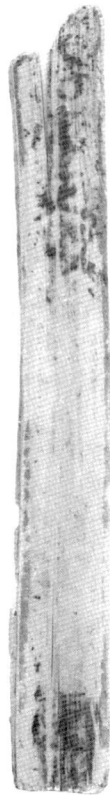

七七四三　七七四四

七七四五　七七四六

七七四七　七七四八

七七四九　七七五〇　七七五一

七七五二　七七五三

七七五四

七七五五

七七五六

七七五七

七七五八

七七五九

七七六〇

七七六一　七七六二　七七六三

七七六四　七七六五　七七六六

七七六七　七七六八　七七六九

七七七〇　七七七一　七七七二　七七七三

七七七四　七七七五

七七七六

七七七七

七七七八

七七七九

七八〇

七七八〇

七七八一

七七八二

七七八三
七七八四
七七八五
七七八六
七七八七
七七八八
七七八九
七七九〇

七七九一
七七九二
七七九三
七七九四
七七九五
七七九六
七七九七
七七九八

七七九九

七八〇〇

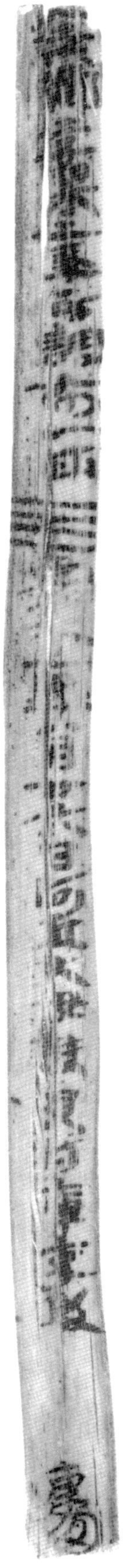

七八〇一

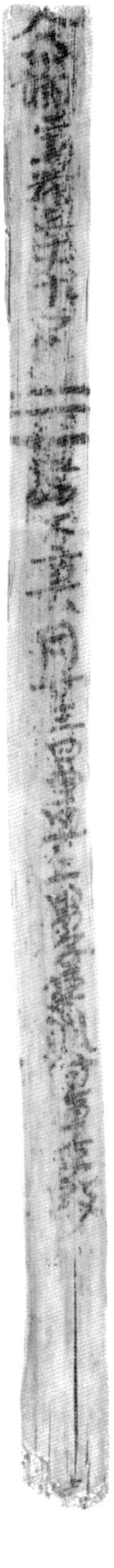

七八〇二

七八〇三

七八〇四

七八〇五

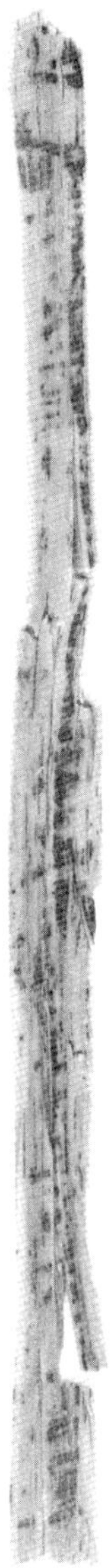

七八〇六

七八〇七

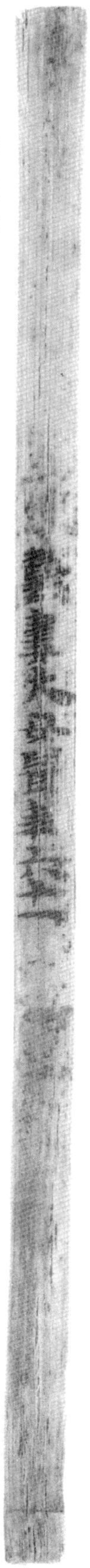

七八〇八

七八〇九

七八一〇

七八一一

七八一二

七八一三

七八一四

七八一五

七八一六

七八一七

七八一八

七八一九

七八二〇

七八二一

七八二二

七八二三

七八二四

七八二五

七八二六

七八二七

七八二八

七八二九

七八三〇

七八三一

七八三二　七八三八

七八三三

七八三四

七八三五

七八三六

七八三七

七八三九　七八四〇

七八四一

七八四二

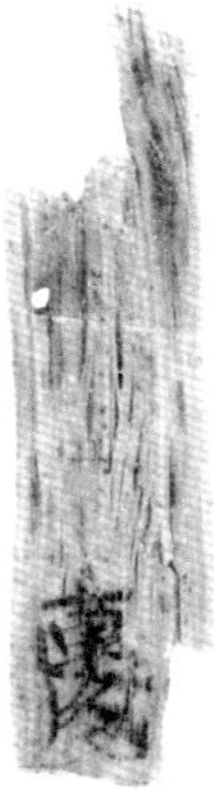

七八四三

七八四四

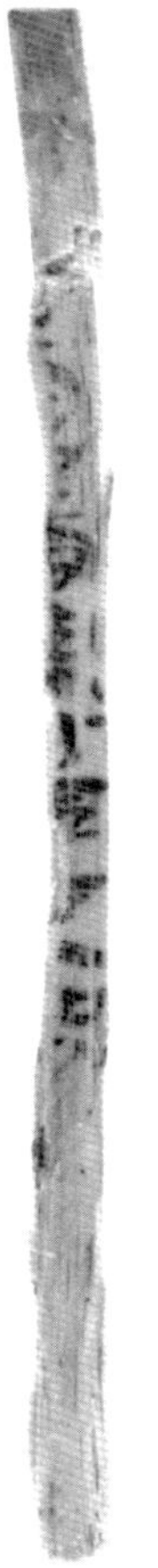

七八四五

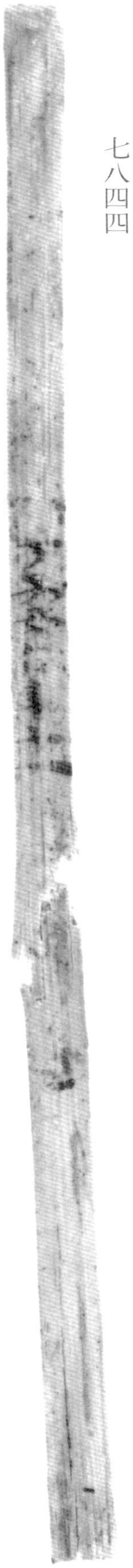

七八四六

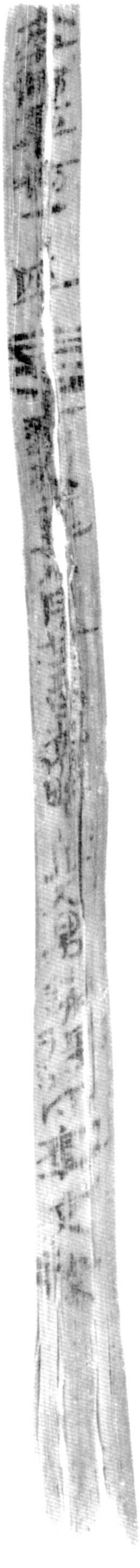

七八四七

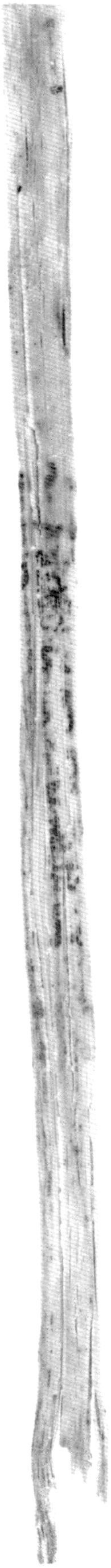

七八四八

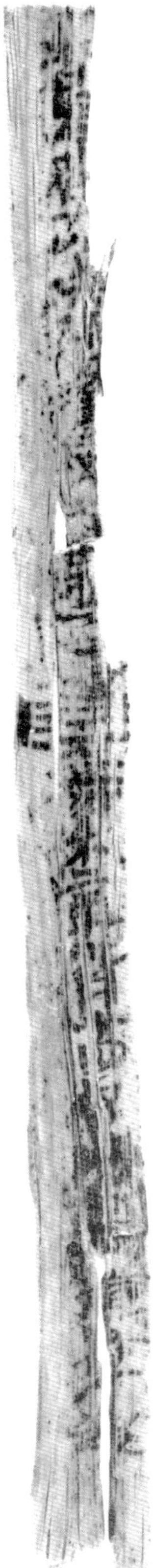

七八四九

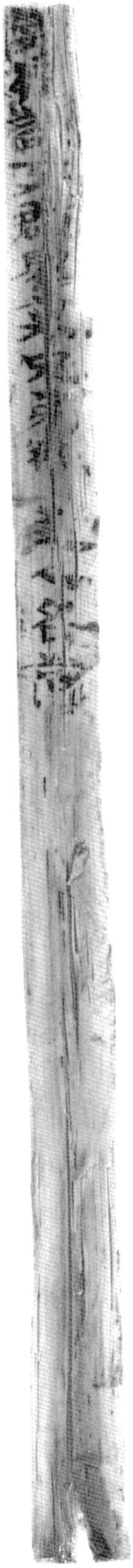

七八五〇

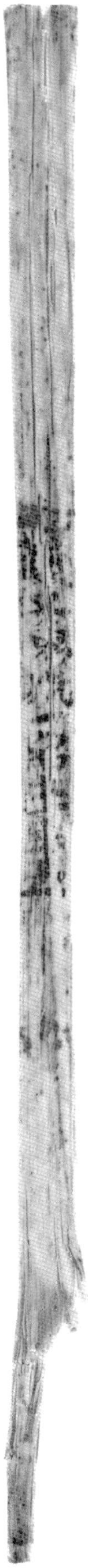

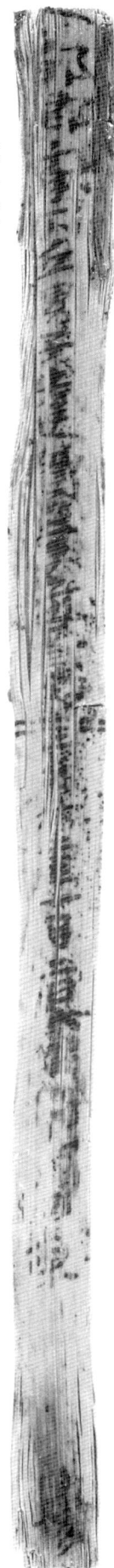

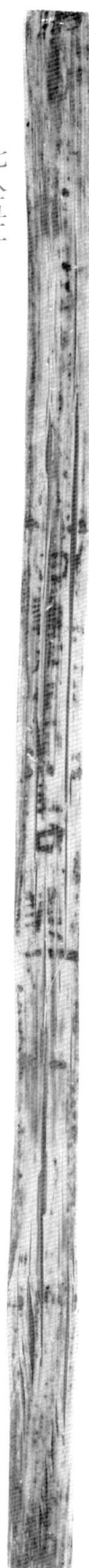

七八五一

七八五二

七八五三

七八五四

七八五五

七八五六

七八五七

七八五八

七八五九

七八六〇

七八六一

七八六二

七八六三

七八六四

七八六五

七八六六

七八六七

七八六八

七八六九　七八七三

七八七〇

七八七一

七八七二

七八七四

七八七五

七八七六
七八七七
七八七八
七八七九
七八八〇
七八八一
七八八二
七八八三

七八八四

七八八五

七八八六

七八八七

七八八八

七八八九

七八九〇

七八九一

七八九二

七八九三

七八九四

七八九五

七八九六

七八九七

七八九八

七八九九

七九〇〇

七九〇一

七九〇二

七九〇三

七九〇四

七九〇五

七九〇六

七九〇七

七九〇八

七九〇九

七九一〇 七九一四

七九一一

七九一二

七九一三

七九一五

七九一六

七九一七

七九一八　七九一九

七九二二

七九二〇　七九二三

七九二四　七九二一

七九二五

七九二六

七九二七

七九二八　七九二九

七九三〇

七九三一

七九三二

七九三三

七九三四

七九三五

七九三六　七九三七　七九三八

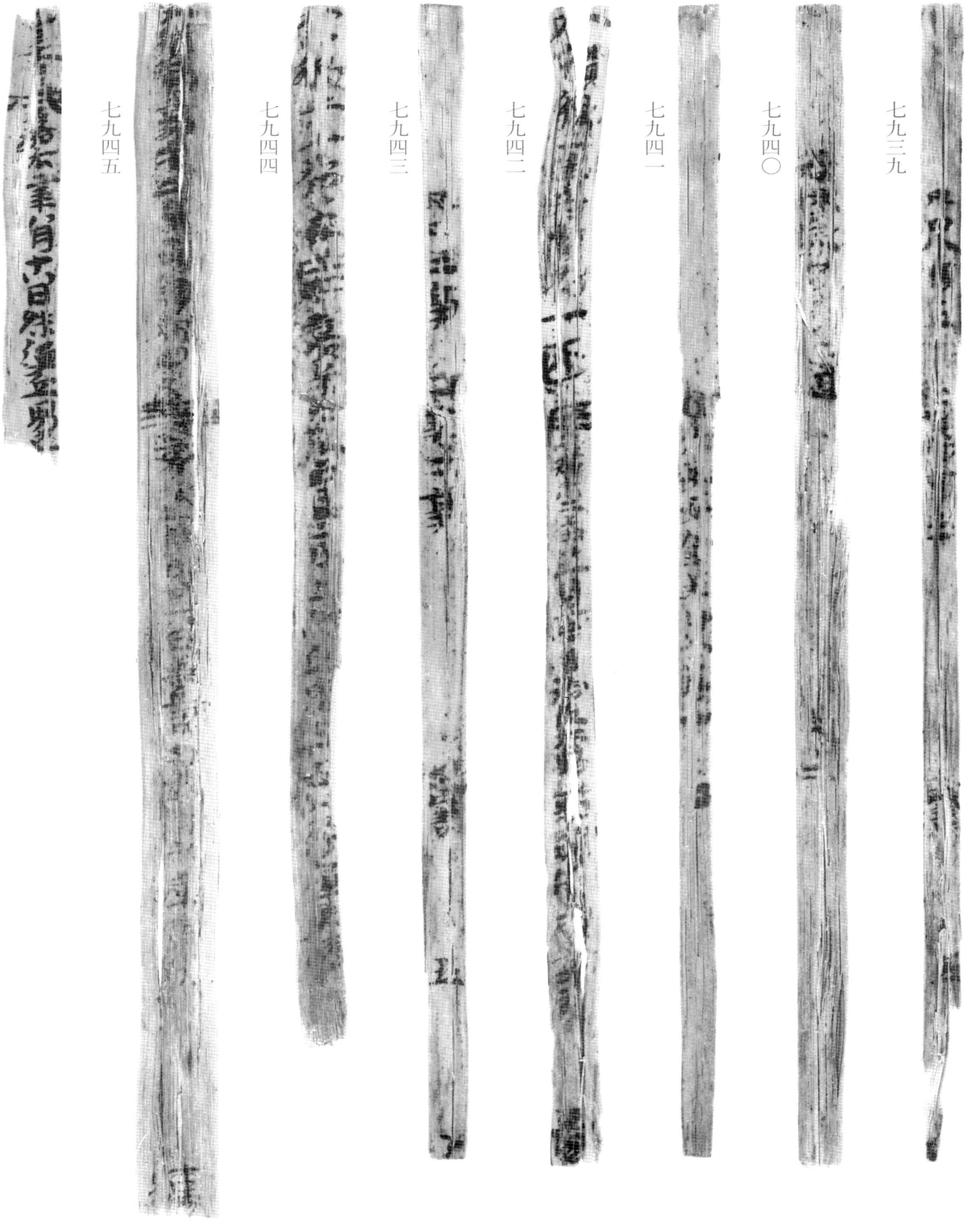

七九三九
七九四〇
七九四一
七九四二
七九四三
七九四四
七九四五
七九四六

七九四七

七九四八

七九四九

七九五〇　七九五一　七九五二

七九五三　七九五四　七九五五

七九五六　七九五七　七九五八　七九五九

七九六〇　七九六一　七九六二

七九六三

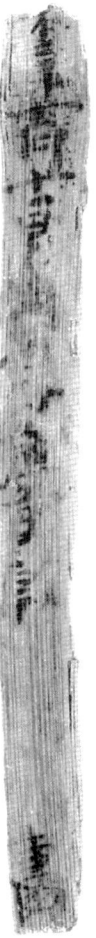

七九六四 七九六五 七九六六 七九六七

七九六八 七九六九

七九七〇

七九七一 七九七三

七九七二

七九七四

七九七五

七九七六

七九七七 七九七八

七九七九 七九八一

七九八〇 七九八四

七九八二 七九八五

七九八三

七九八六

七九八七 七九八八

七九八九 七九九〇

七九九一　七九九二

七九九三　七九九四

七九九五　七九九七

七九九六

七九九八　七九九九

八〇〇〇　八〇〇一

八〇〇二

八〇〇三

八〇〇四　八〇〇五

八〇〇六　八〇〇七

八〇〇八

八〇〇九

八〇一〇　八〇一一

八〇一三　八〇一四

八〇一五

八〇一二　八〇一六

八〇一七　八〇二〇

八〇一八　八〇二三

八〇一九　八〇二六

八〇二一

八〇二二

八〇二四　八〇二七

八〇二五　八〇二八

八〇二九　八〇三〇

八〇三一　八〇三二

八〇三三

八〇三四

八〇三五　八〇三六

八〇三七

八〇三八

八〇三九

八〇四〇

八〇四一　八〇四二

八〇四三　八〇四五

八〇四四　八〇四六　八〇四七

八〇四八　八〇四九　八〇五二

八〇五〇　八〇五一　八〇五三

八〇五四　八〇五五

八〇五六　八〇五七　八〇五八

八〇五九　八〇六〇　八〇六一　八〇六二

八〇六三 八〇六四 八〇六六

八〇六五 八〇六七 八〇六八 八〇六九

八〇七〇 八〇七一 八〇七七

八〇七二 八〇七三

八〇七四 八〇七八

八〇七五 八〇七六

八〇七九 八〇八〇

八〇八一 八〇八二

八〇八三　八〇八四　八〇八五

八〇八六

八〇八七　八〇九六

八〇八八　八〇八九

八〇九〇　八〇九一　八〇九二

八〇九三　八〇九四　八〇九五

八〇九七　八〇九八　八〇九九

八一〇〇　八一〇一

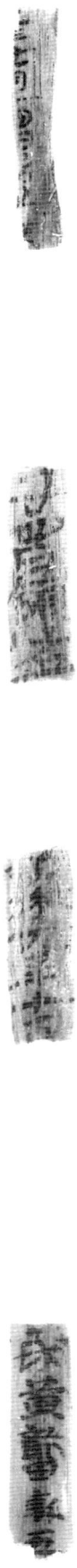

八一〇二 八一〇三 八一〇四

八一〇五 八一〇六 八一〇九

八一〇七 八一〇八

八一一〇 八一一一 八一一二 八一一三

八一一四甲 八一一四乙 八一一六 八一二二

八一一五 八一一七 八一一八 八一一九

八一二〇 八一二三

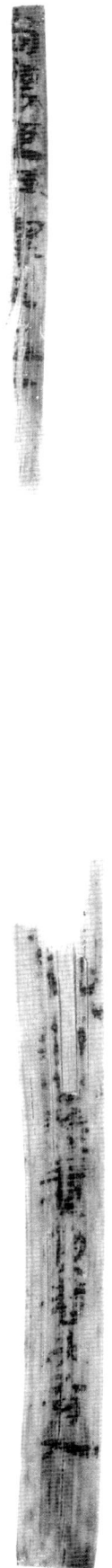

八一二一 八一二四

八一二五

八一二六

八一二七

八一二八　八一二九　八一三四

八一三〇　八一三三

八一三一

八一三二　八一三六

八一三五　八一三七

八一三八　八一三九　八一四二

八一四〇　八一四一　八一四九

八一四三　八一四四　八一五六

八一四五　八一四六　八一四八

八一四七　八一五〇　八一五二

八一五一　八一五三　八一五五

八一五四　八一五八

八一五七　八一五九　八一六〇

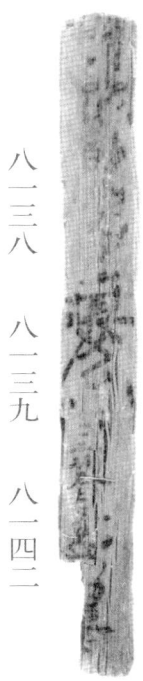

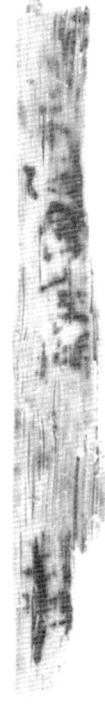

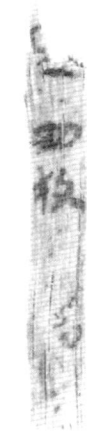

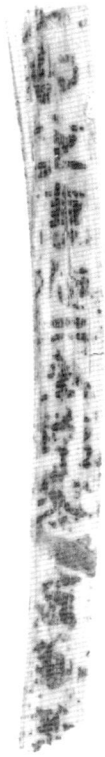

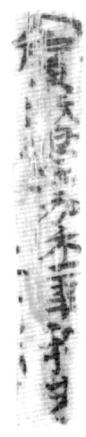

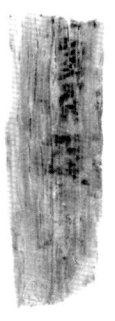

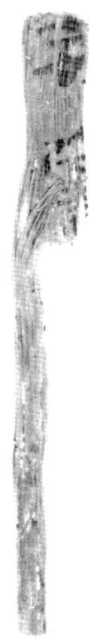

八一六一 八一六二 八一六三
八一六四 八一六五 八一六六
八一六七 八一六八 八一六九 八一七〇 八一七一
八一七二 八一七三
八一七四 八一七五 八一七八
八一七六 八一七七 八一七九
八一八〇 八一八一 八一八二
八一八三 八一八四 八一八五 八一八六

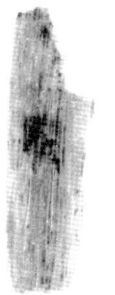

八一八七

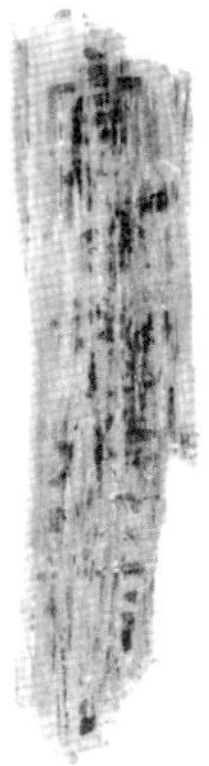

八一八八

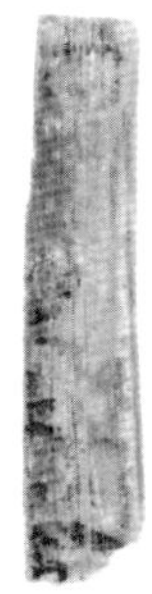

八一八九

八一九〇

八一九一

八一九二

八一九三

八一九四

八一九五

八一九六

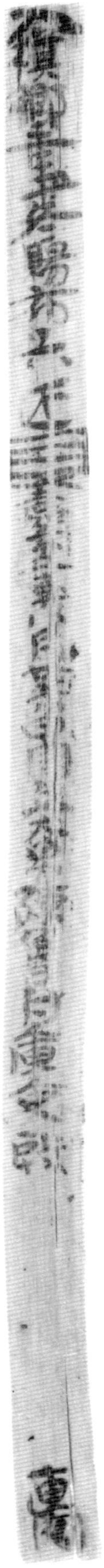

八一九七

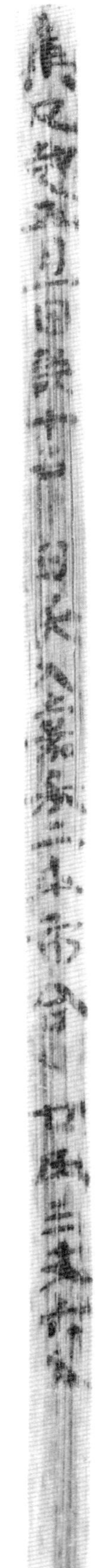

八一九八

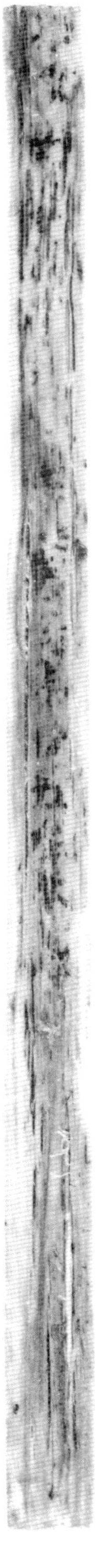

八一九九

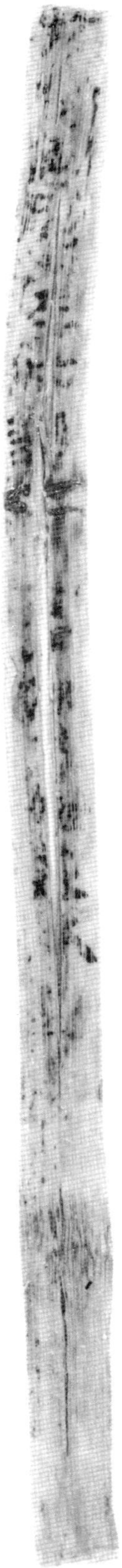

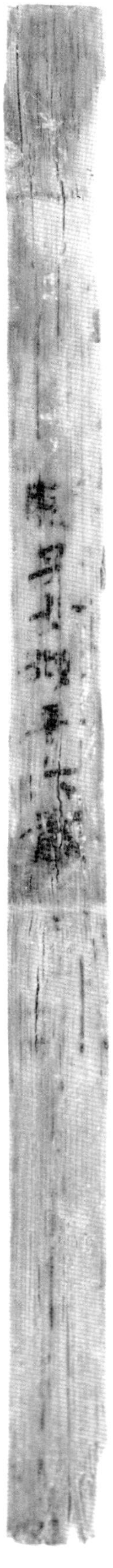

八二〇〇

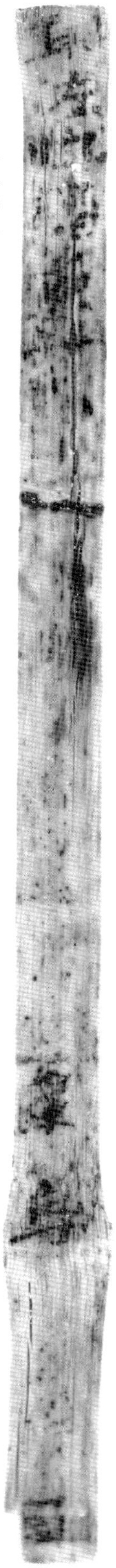

八二〇一

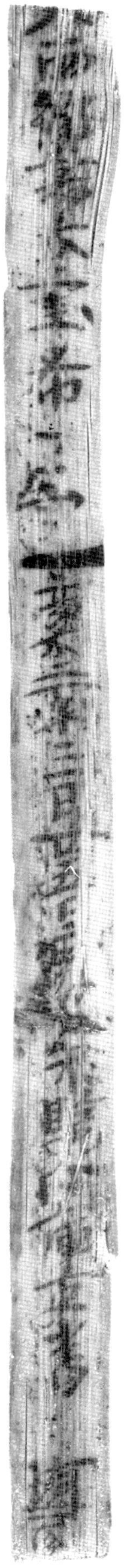

八二〇二

八二〇三

八二〇四

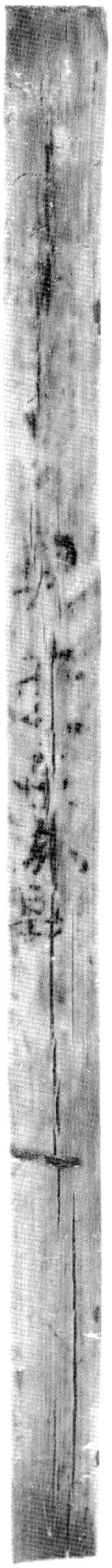

八二〇五

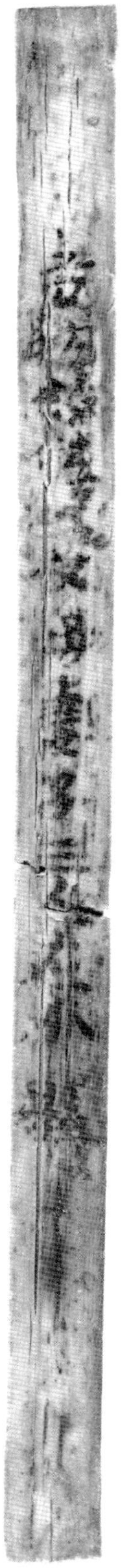

八二〇六

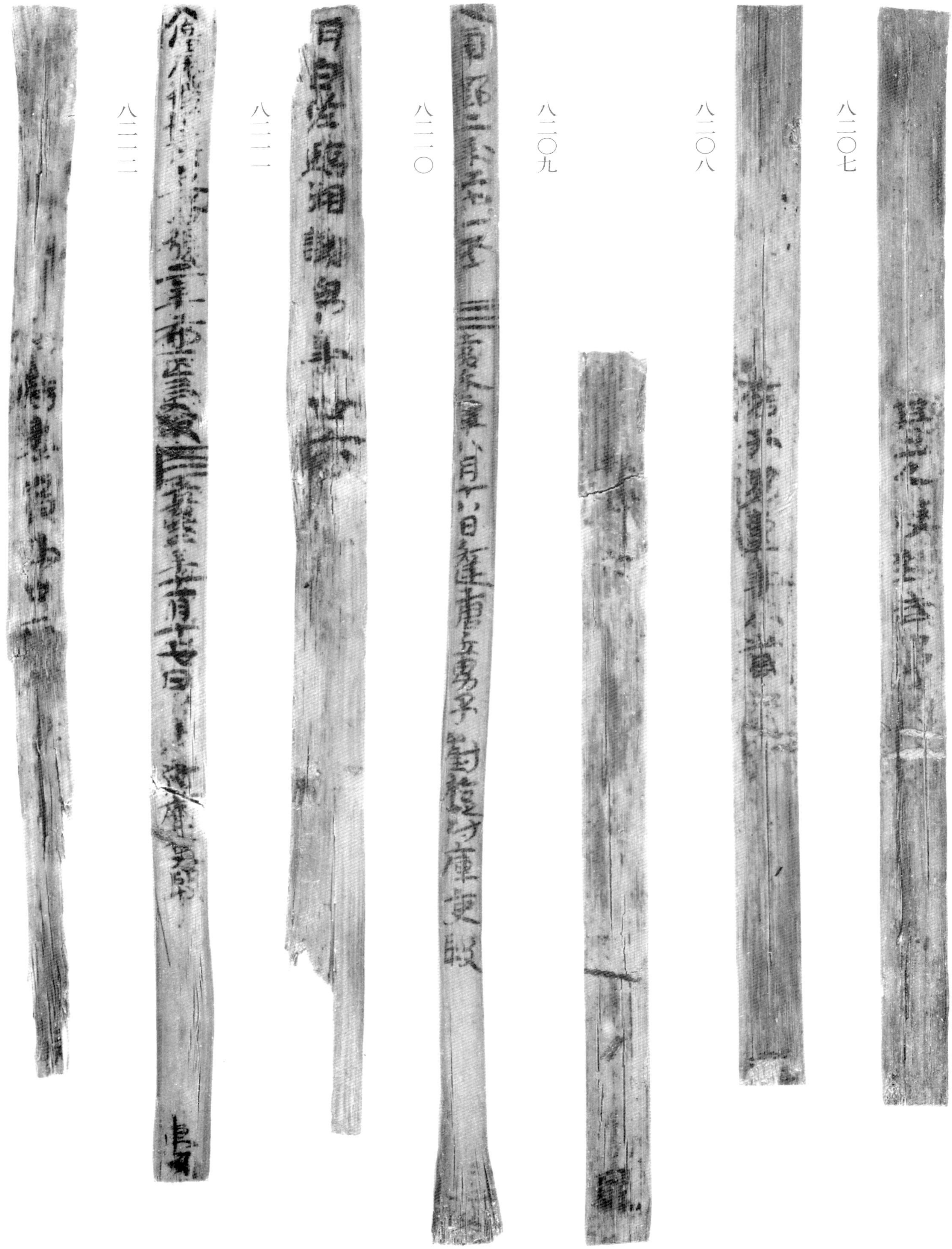

八二〇七

八二〇八

八二〇九

八二一〇

八二一一

八二一二

八二一三

八二一四

八二一五

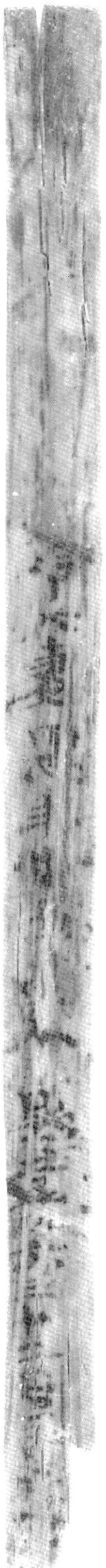
八二一六

八二一七

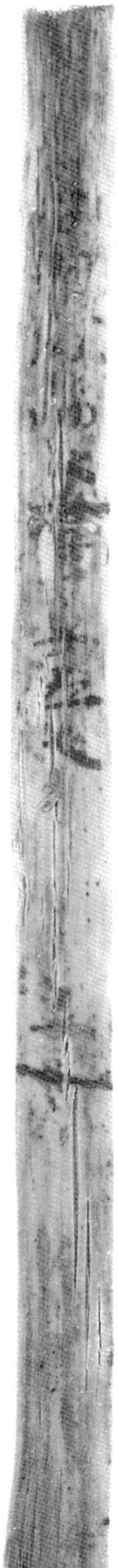
八二一八

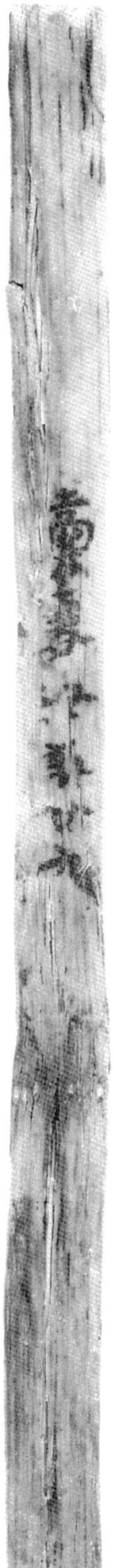
八二一九

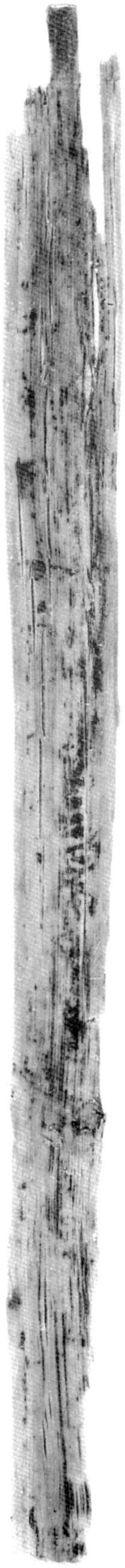
八二二〇

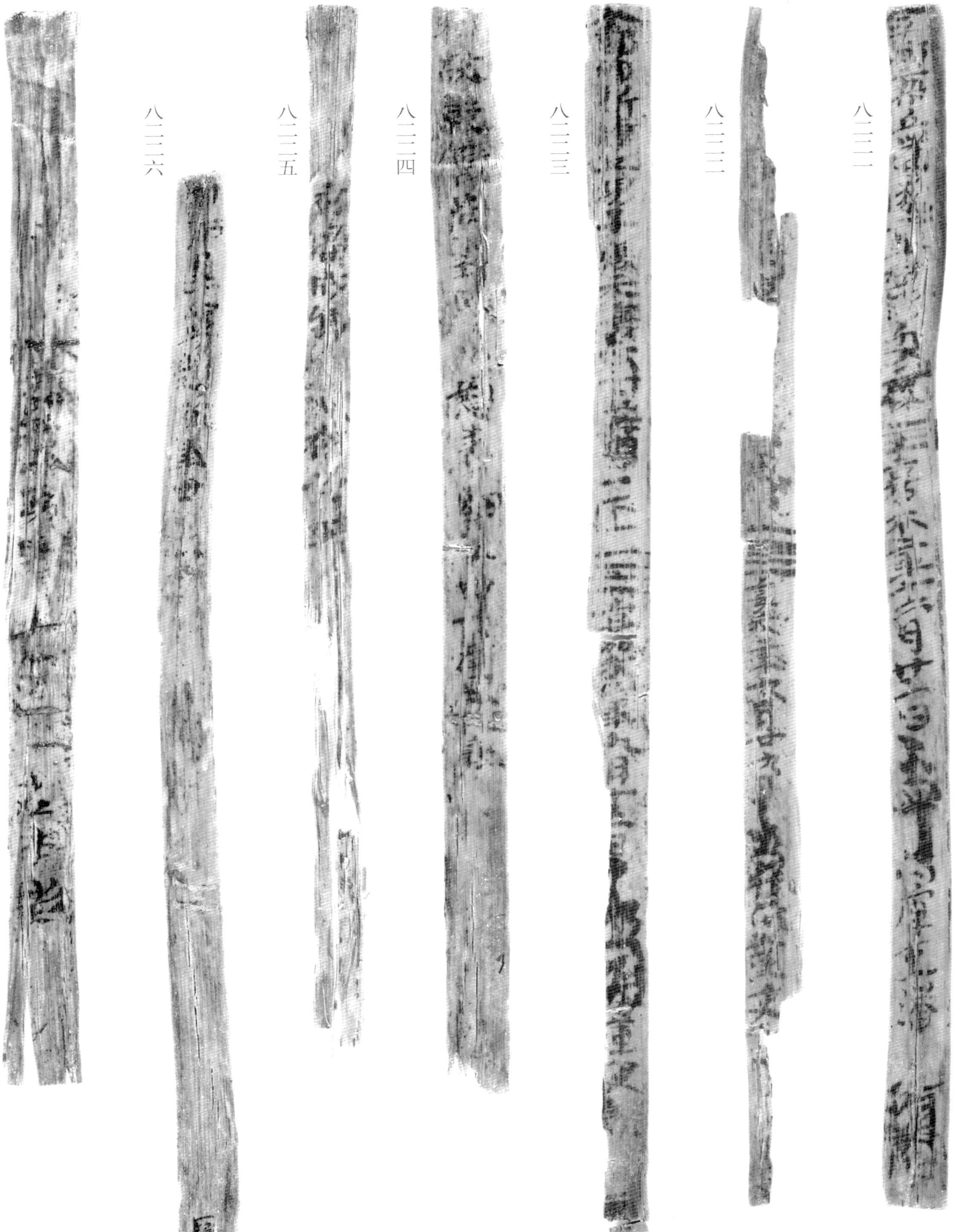

八二二一

八二二二

八二二三

八二二四

八二二五

八二二六

八二二七

八二二八

八二二九

八二三〇

八二三一

八二三二

八二三三

八二三四

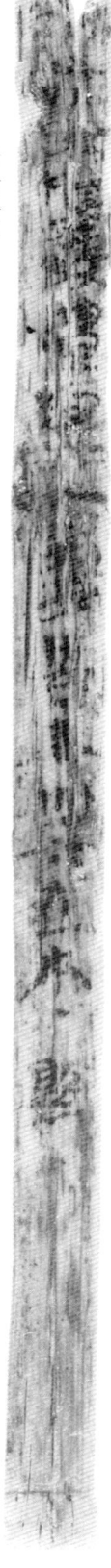

八二三五 八二三六 八二三七 八二三八 八二三九 八二四〇 八二四一 八二四二 八二四三 八二四四

八二四五

八二四六

八二四七

八二四八

八二四九

八二五〇

八二五一

八二五二

八二五三

八二五四

八二五五

八二五六

八二五七

八二五八

八二五九

八二六〇

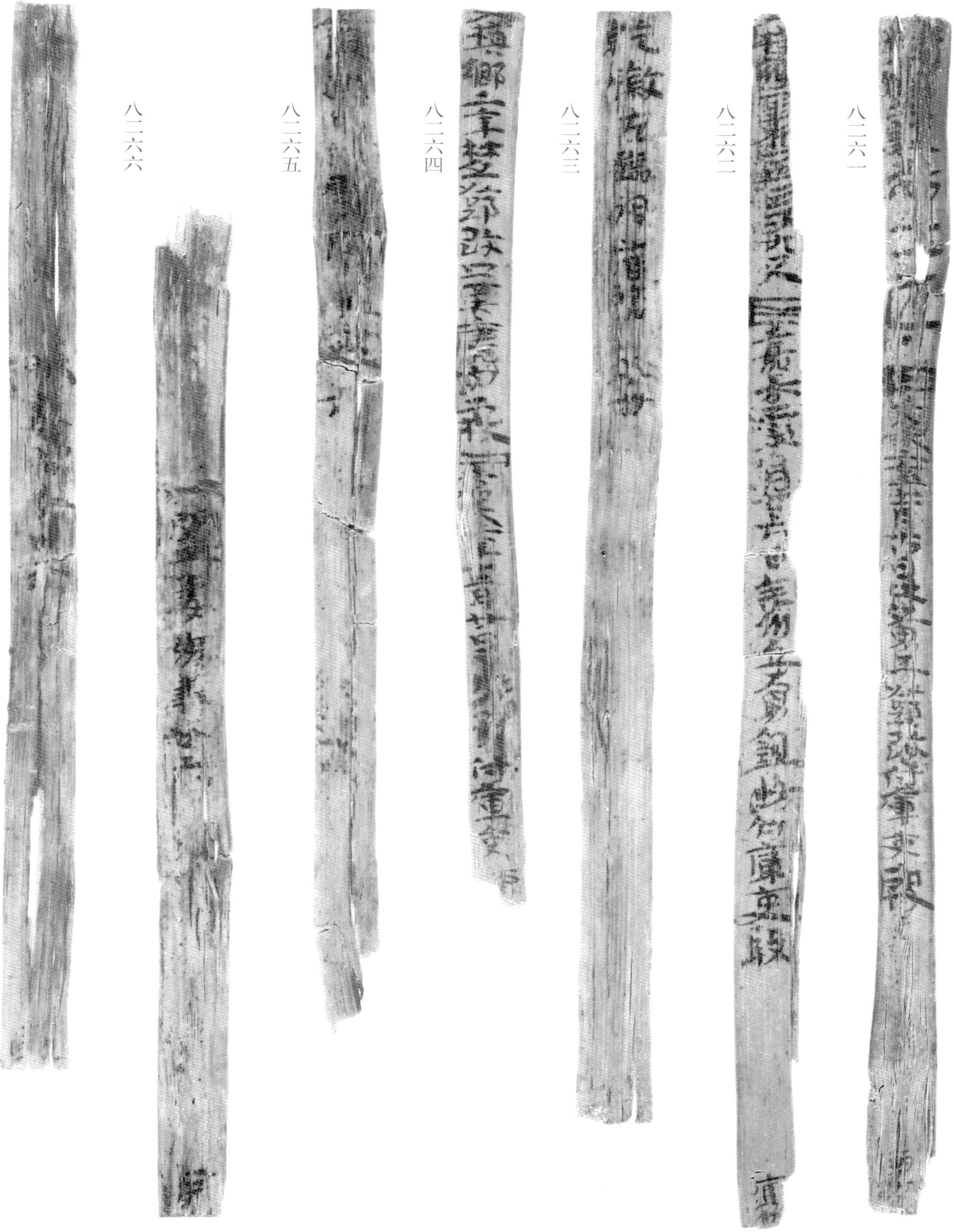

八二六一

八二六二

八二六三

八二六四

八二六五

八二六六

八二六七

八二六八

八二六九

八二七〇

八二七一

八二七二

八二七三

八二七四

八二七五
八二七六
八二七七
八二七八
八二七九
八二八〇
八二八一
八二八二

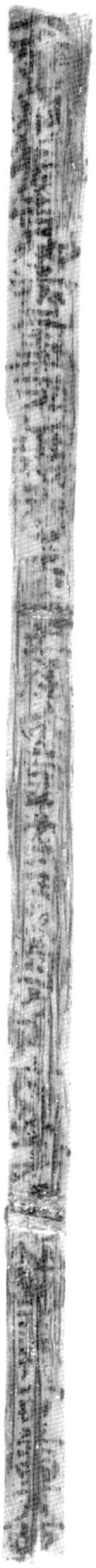
八二八三

八二八四

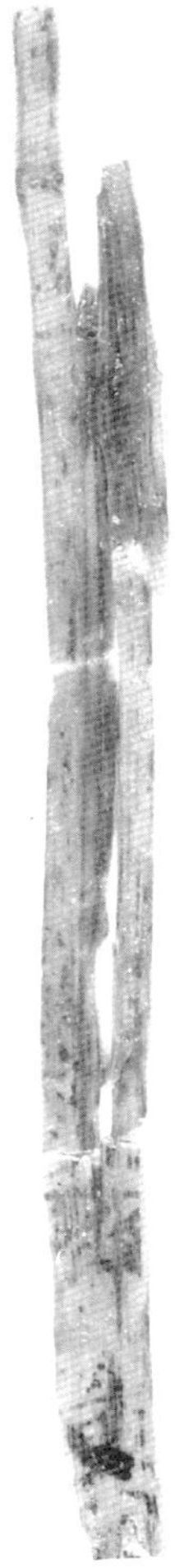
八二八五

八二八六

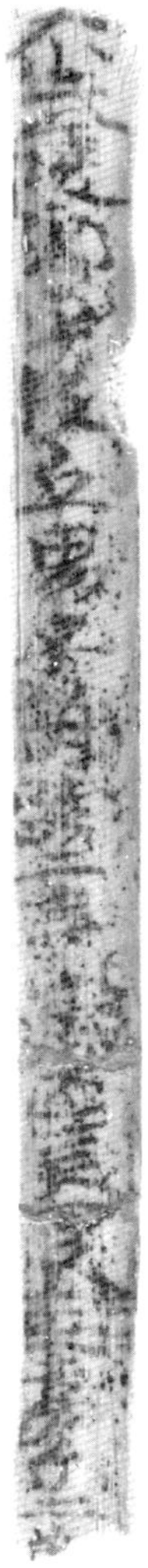
八二八七

八二八八

八二八九

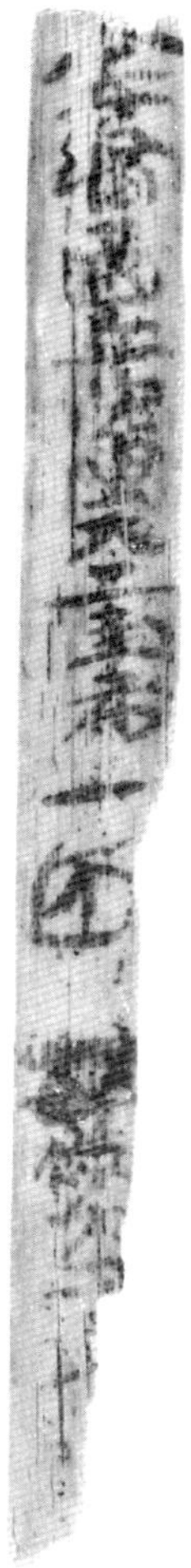
八二九〇

八二九一　八二九三

八二九二

八二九四

八二九五

八二九六

八二九七

八二九八

八二九九

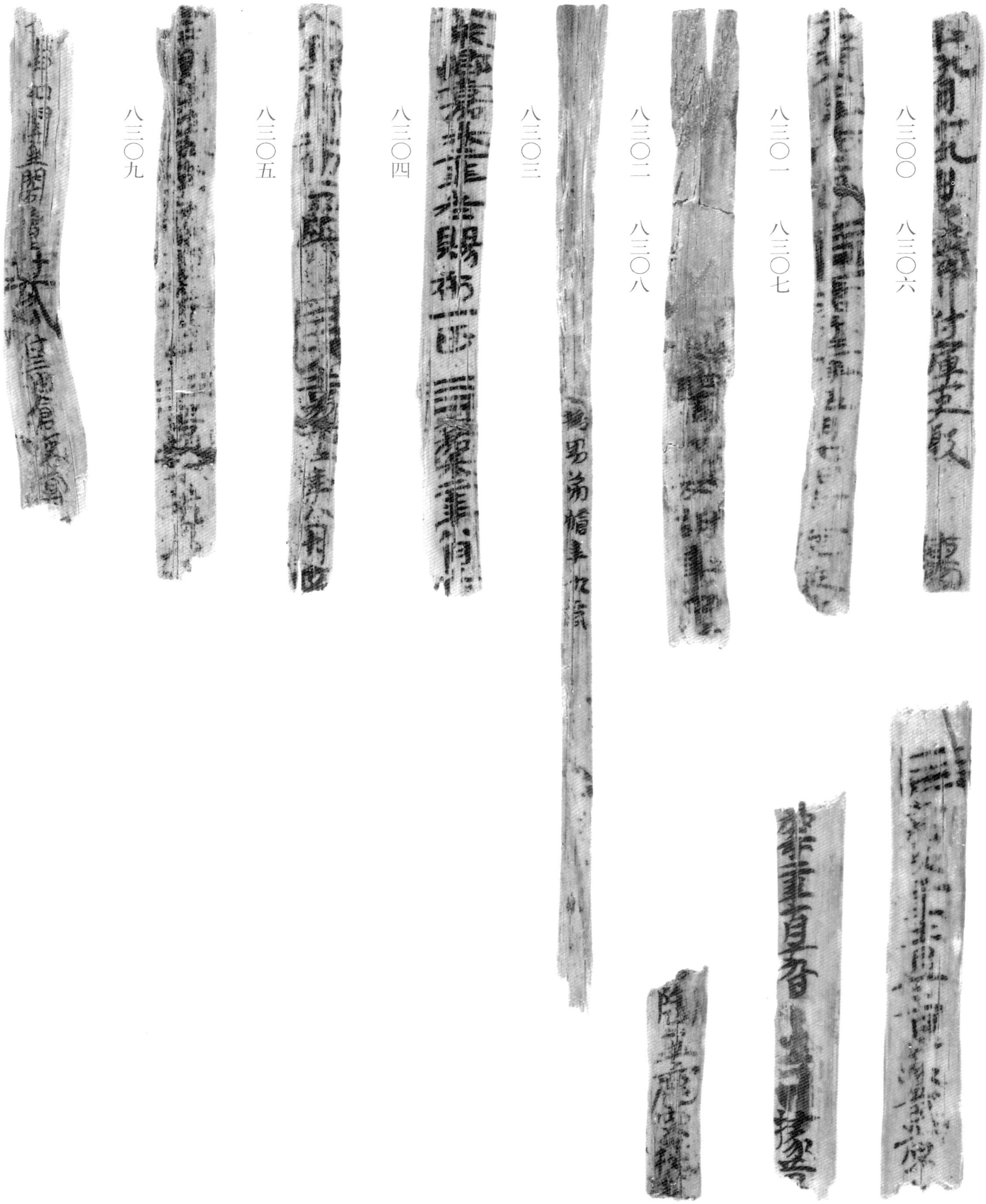

八三〇〇　八三〇六

八三〇一　八三〇七

八三〇二　八三〇八

八三〇三

八三〇四

八三〇五

八三〇九

八三一〇

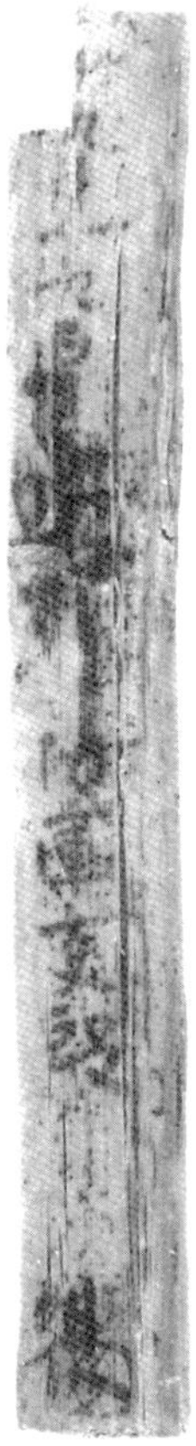

八三一一

八三一二

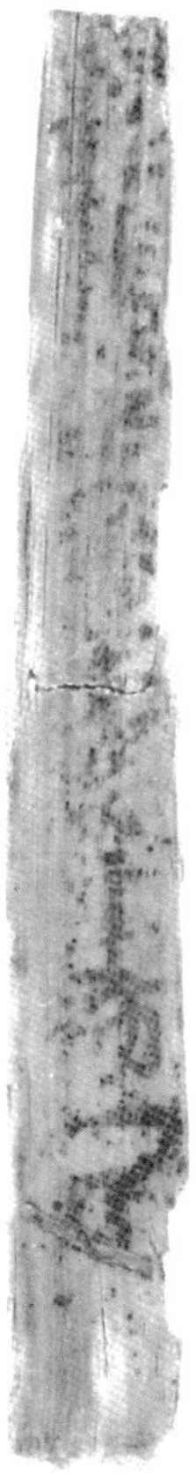

八三一三

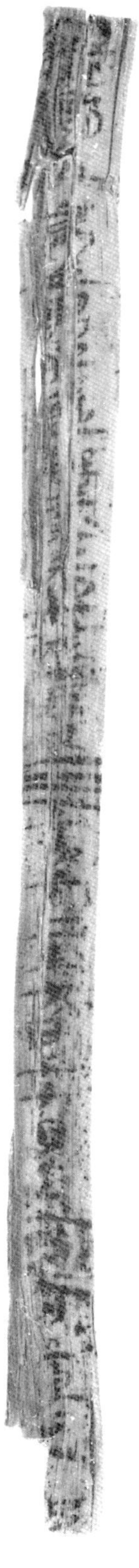

八三一四

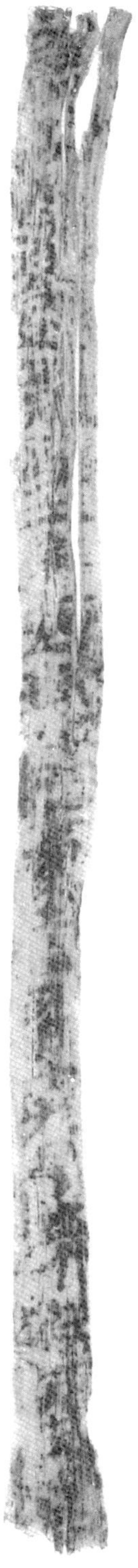

八三一五

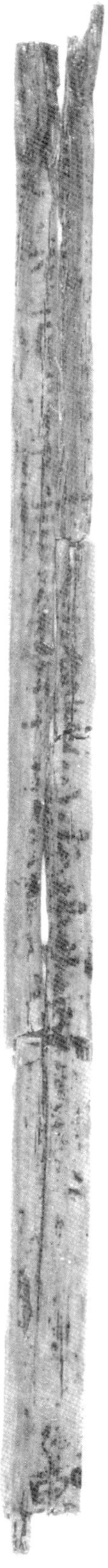

八三一六

八三一七

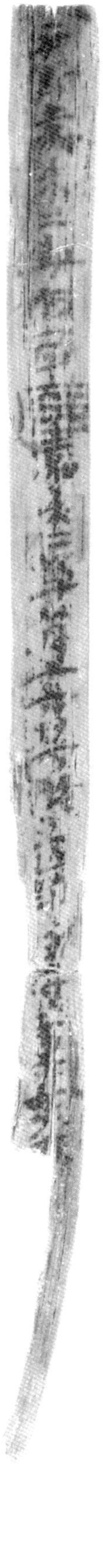

八三一八

八三一九　八三二二

八三二〇　八三二五

八三二一　八三二六

八三二三　八三三〇　八三三一

八三二四　八三三二

八三二七

八三二八

八三二九　八三三三

八三三四

八三三八

八三三五

八三三六
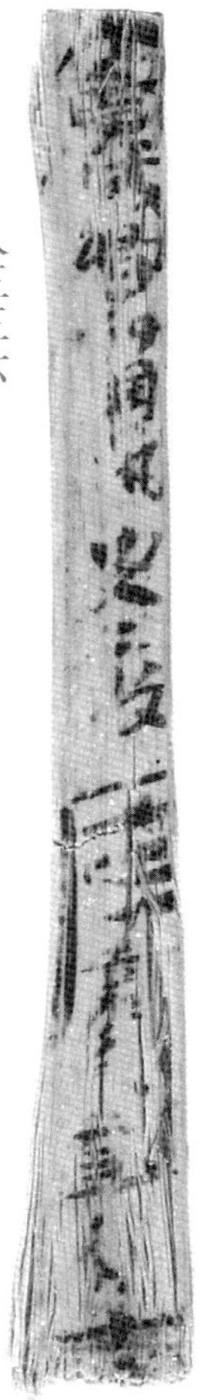

八三三七
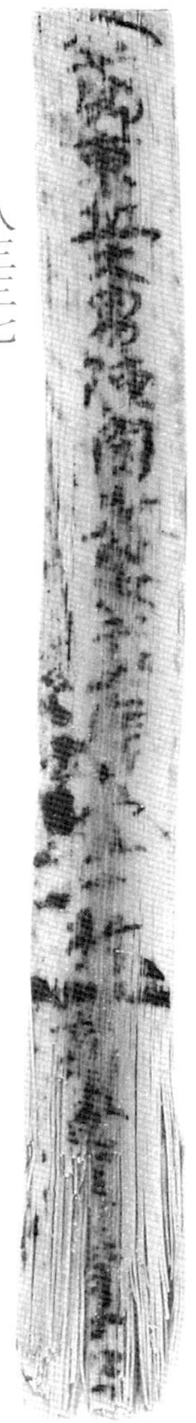

八三三九
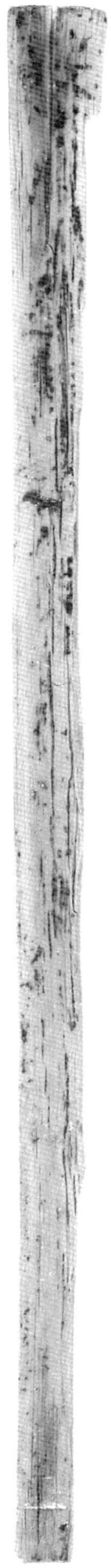

八三四〇
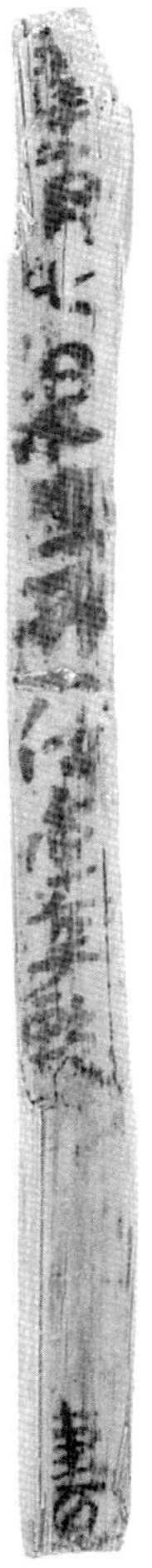

八三四一
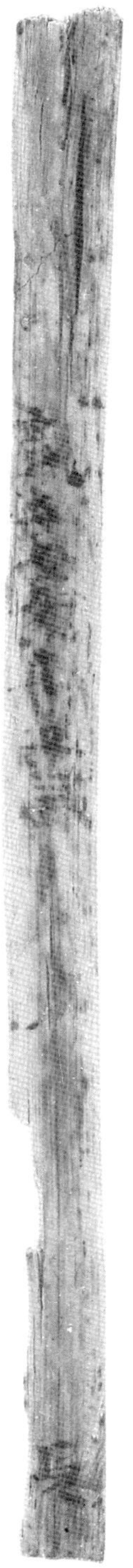

八三四二

八三四三　八三四四　八三四五

八三四七

八三四六　八三四八

八三四九　八三五〇

八三五一　八三五二

八三五三　八三五四

八三五五

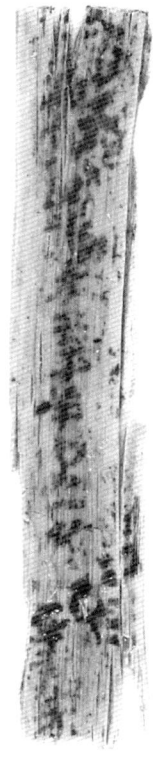

八三五六 八三六二

八三五七

八三五八

八三五九

八三六〇

八三六一

八三六三

八三六四

八三六五

八三六六　八三六七

八三六八　八三七一

八三六九　八三七〇

八三七二　八三七三

八三七四　八三七五　八三七六

八三七七

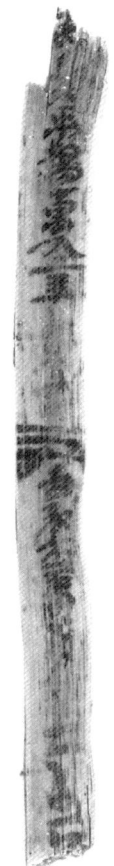

八三七八　八三八〇

八三七九　八三八一　八三八二　八三八三

八三八四　八三八五　八三八六

八三八七　八三八八　八三八九　八三九〇

八三九一　八三九二

八三九三　八三九四　八三九五

八三九六

八三九七

八三九八
八三九九
八四〇〇
八四〇一
八四〇二
八四〇三
八四〇四
八四〇五

八四〇六

八四〇七

八四〇八

八四〇九

八四一〇

八四一一

八四一二

八四一三

八四一四

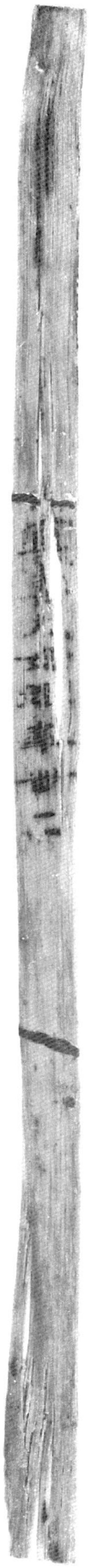

八四一五

八四一六

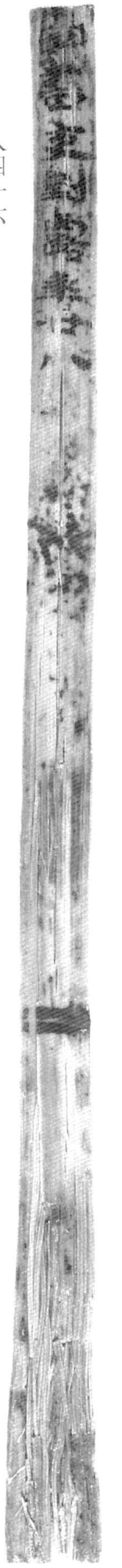

八四一七

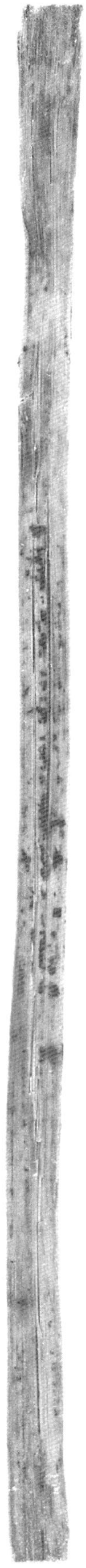

八四一八

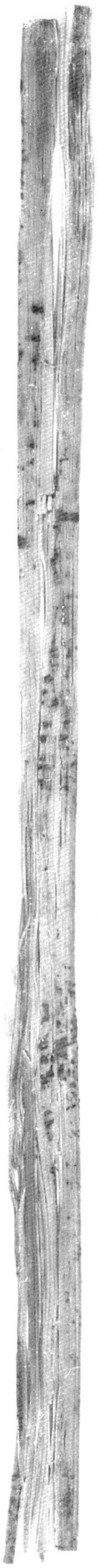

八四一九

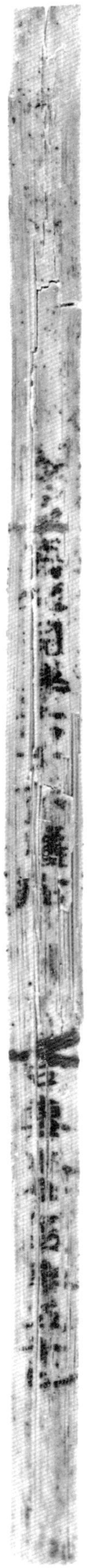

八四二〇

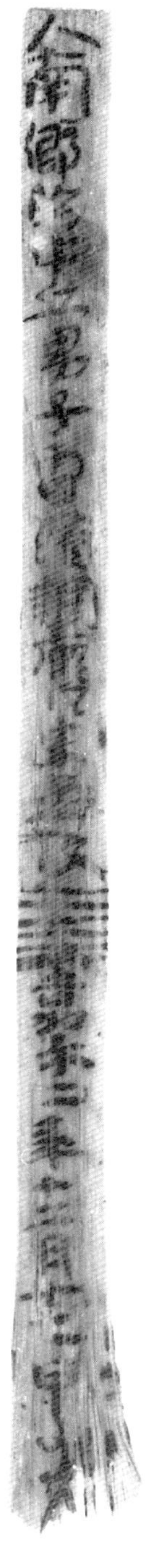

八四二一

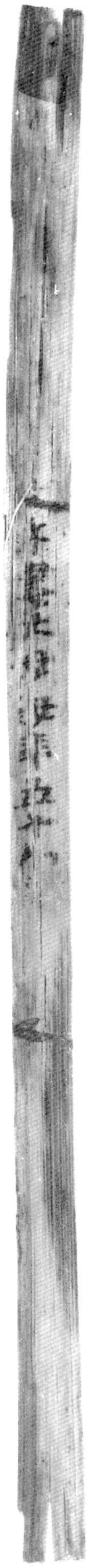

八四二二

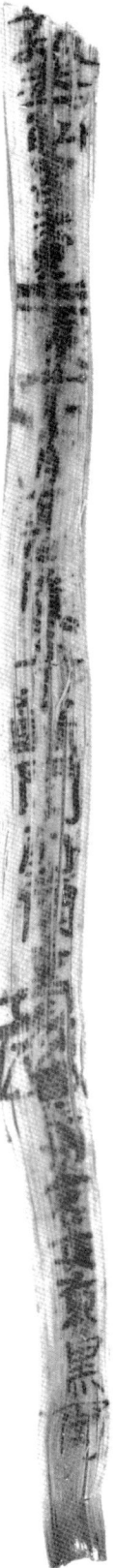

八四二三

八四二四

八四二五

八四二六　八四二九

八四二七

八四二八

八四三〇

八四三一

八四三二

八四三三

八四三四

八四三五

八四三六

八四三七

八四三八

八四三九

八四四〇

八四四一

八四四二

八四四三

八四四四

八四四五

八四四六

八四四七

八四四八

八四四九

八四五〇

八四五一

八四五二

八四五三

八四五四

八四五五

八四五六

八四五七

八四五八

八四五九

八四六〇

八四六一

八四六二

八四六三

八四六四

八四六五

八四六六

八四六七

八四六八

八四六九

八四七〇

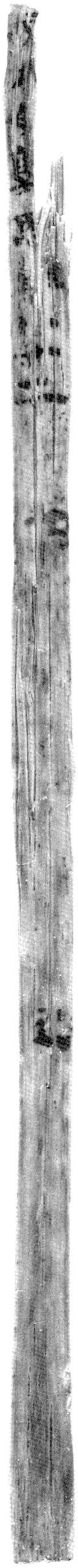
八四七一

八四七二

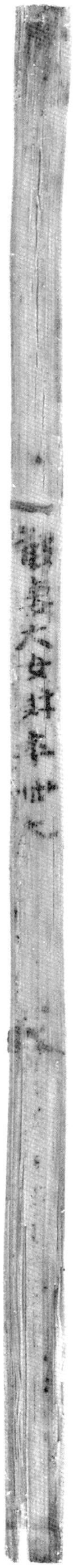
八四七三

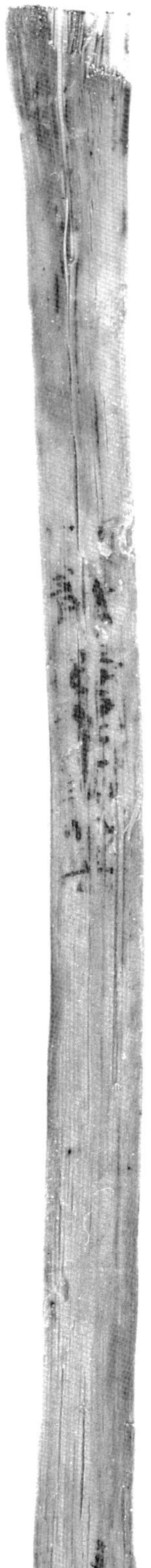
八四七四

八四七五

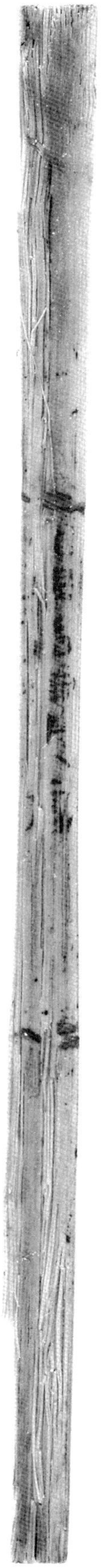
八四七六

八四七七

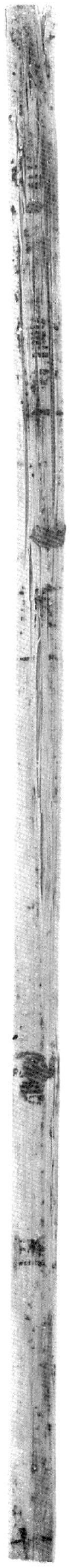
八四七八

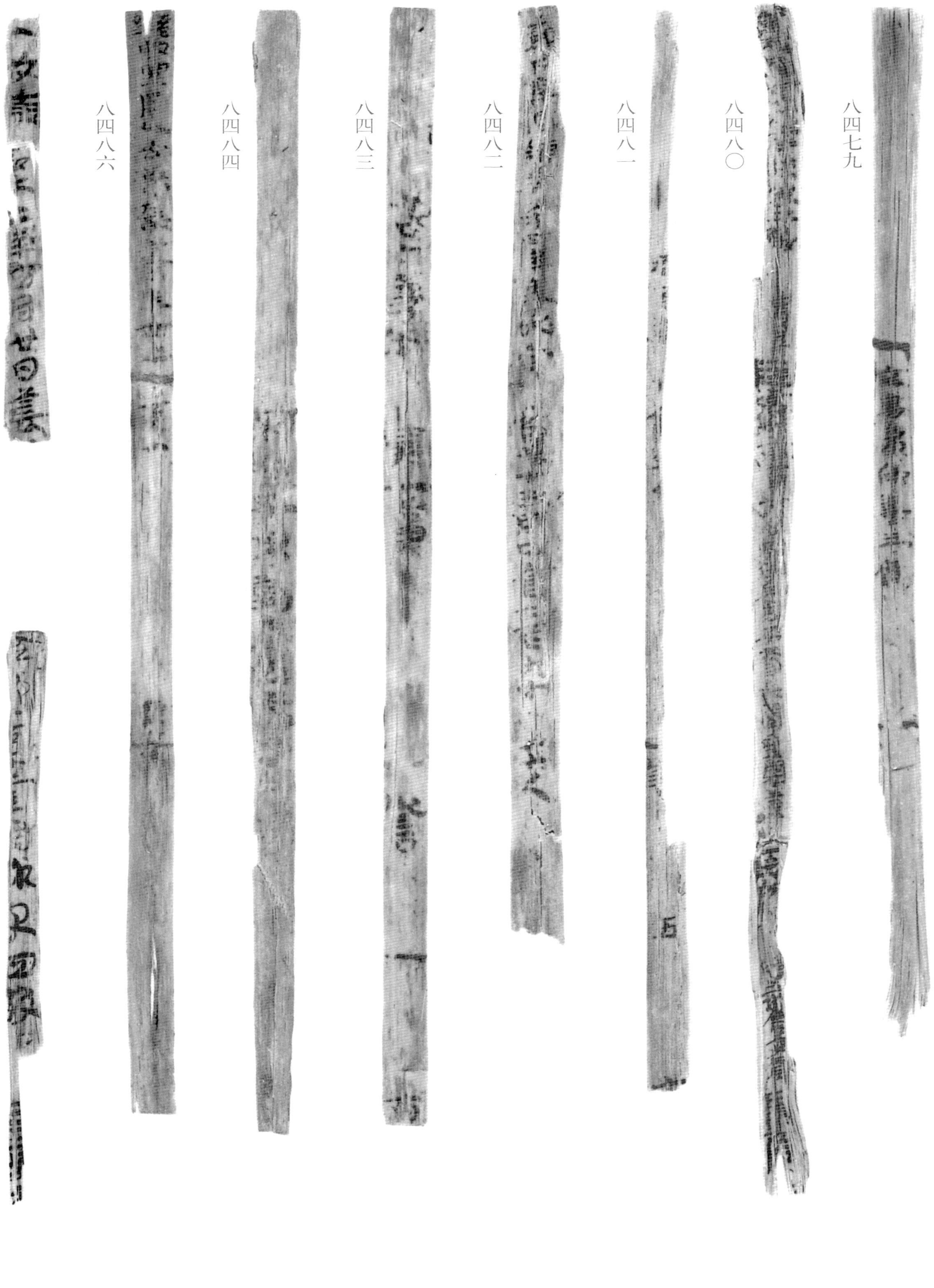

八四七九

八四八〇

八四八一

八四八二

八四八三

八四八四

八四八六

八四八五 八四八七

八四八八

八四八九

八四九〇

八四九一

八四九二

八四九三

八四九四

八四九五

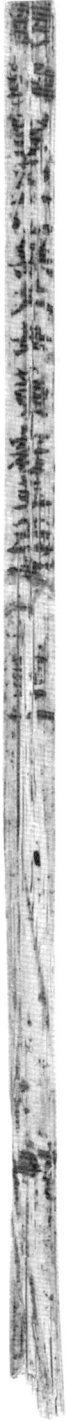

八四九六

八四九七 八四九九

八四九八

八五〇〇

八五〇一 八五〇三

八五〇二

八五〇四

八五〇五

八五〇六

八五〇七

八五〇九

八五〇八

八五一〇

八五一一

八五一二

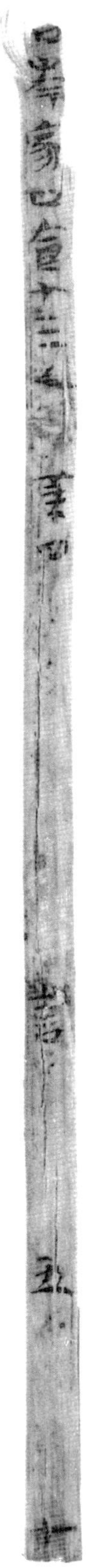
八五一三

八五一四

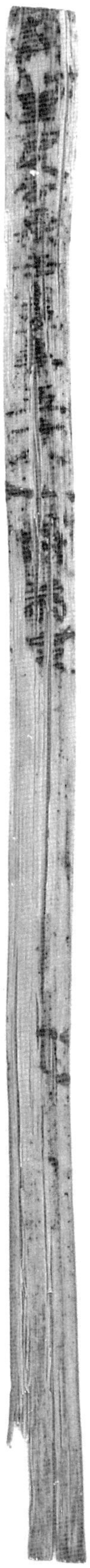
八五一五

八五一六

八五一七

八五一八

八五一九

八五二〇

八五二一

八五二二

八五二三

八五二四

八五二五

八五二六

八五二七　八五三四

八五二八

八五二九　八五三三

八五三〇　八五三一　八五三二

八五三五　八五三六　八五三七

八五三八　八五三九　八五四〇

八五四一　八五四四

八五四二

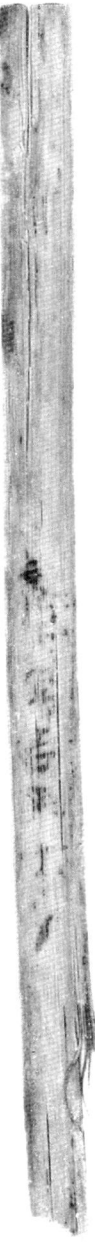

八五四三

八五四五

八五四六　八五四七

八五四八　八五四九

八五五〇

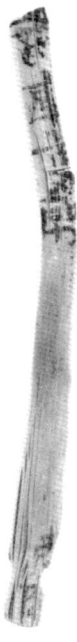

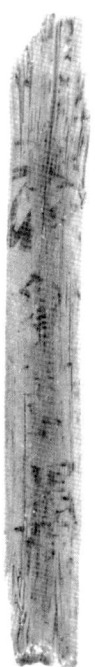

八五五一 八五五二 八五五七
八五五三 八五五四 八五五五
八五五六 八五五八 八五六二
八五五九 八五六〇
八五六一 八五六三 八五六四
八五六五 八五六六 八五六七
八五六八 八五六九
八五七〇

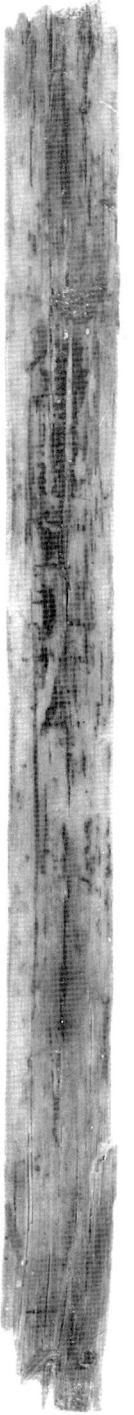

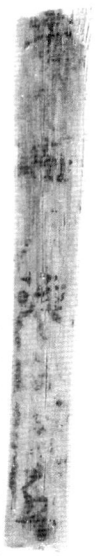

八五七一

八五七二　八五七三

八五七四　八五七五　八五七七

八五七六　八五七八

八五七九　八五八〇　八五八一

八五八二　八五八三　八五八四

八五八五　八五八六　八五八七

八五八八　八五八九　八五九〇　八五九一

八五九二 八五九三 八五九四 八五九五

八五九六 八五九七 八五九八 八五九九

八六〇〇 八六〇一 八六〇二 八六〇三

八六〇四 八六〇五 八六〇六 八六〇七

八六〇八

八六〇九 八六一〇

八六一一 八六一二

八六一三

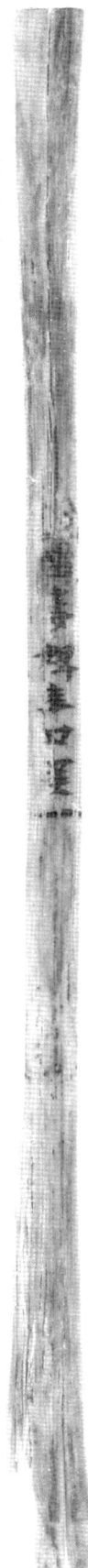

八六一四

八六一五

八六一六

八六一七

八六一八

八六一九

八六二〇

八六二一

八六二二

八六二三

八六二四

八六二五

八六二六

八六二七

八六二八

八六二九

八六三〇

八六三一

八六三二

八六三三

八六三四

八六三五

八六三六

八六三七

八六三八

八六三九

八六四〇

八六四一

八六四二

八六四三

八六四四

八六四五

八六四六

八六四七

八六五一

八六五四

八六四八

八六四九

八六五〇

八六五二

八六五三

八六五五

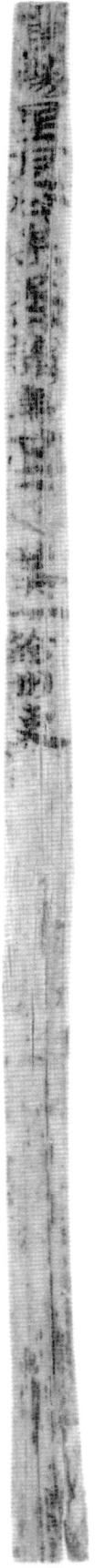

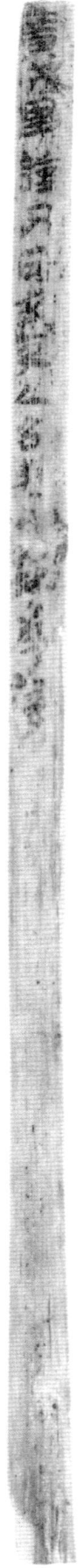

八六五六 八六五七 八六五八 八六五九 八六六一 八六六〇 八六六四 八六六二 八六六三 八六六五 八六六六

八六六七
八六六八
八六六九
八六七〇
八六七一
八六七二
八六七三
八六七四

八六七五
八六七六
八六七七
八六七八
八六七九
八六八〇
八六八一
八六八二

八六八三

八六八四

八六八五

八六八六

八六八七

八六八八

八六八九

八六九〇

八六九一　八六九九

八六九二

八六九三

八六九四

八六九五　八六九六

八六九七　八六九八

八七〇〇

八七〇一

八七〇二 八七〇六 八七〇七

八七〇三

八七〇四

八七〇五

八七〇八 八七〇九 八七一〇 八七一一

八七一二

八七一三 八七一四 八七一五

八七一六

八七一七

八七一八 八七一九

八七二〇 八七二一 八七二八

八七二二

八七二三 八四二四

八七二五 八七二六 八七二七

八七二九

八七三〇　八七三一

八七三二　八七四二

八七三三　八七三四

八七三五　八七三九

八七三六　八七三七　八七三八

八七四〇　八七四一

八七四三　八七四四

八七四五

八七四六

八七四七

八七四八

八七四九

八七五〇

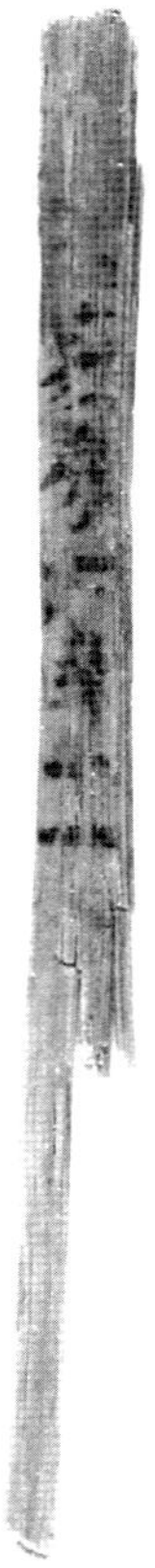

八七五一

八七五二

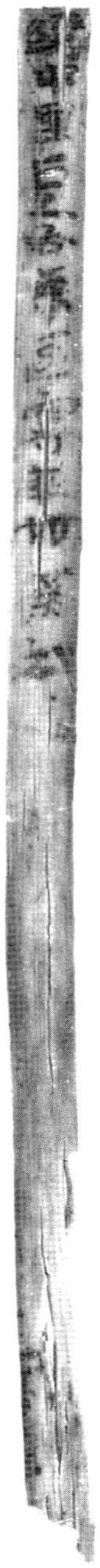

八七五三

八七五四

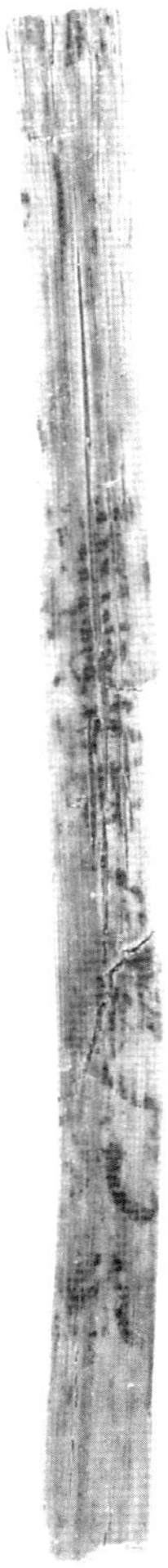

八七五五

八七五六　八七五九
八七五七　八七五八
八七六〇　八七六一　八七六二
八七六三　八七六六　八七六九　八七七一
八七六四　八七七二
八七六五　八七七〇
八七六七　八七七三
八七六八　八七七四

八七七五　八七七六　八七七七
八七七八　八七七九　八七八〇　八七八二
八七八一　八七八三　八七八四　八七八五
八七八六　八七八七　八七八八　八七八九
八七九〇　八七九一　八七九二　八七九三
八七九四　八七九五　八七九七　八七九八
八七九六
八七九九　八八〇〇　八八〇一

八八〇二　八八〇三　八八〇四　八八〇七

八八〇五　八八〇六　八八一〇　八八一一

八八〇八　八八〇九　八八一二

八八一三　八八一四　八八一五　八八一六

八八一七　八八一八　八八一九　八八二二

八八二〇　八八二一　八八二三

八八二四　八八二五　八八二六　八八二七

八八二八 八八二九 八八三〇 八八三一

八八三二 八八三三 八八三四 八八三五

八八三六 八八三七 八八三八 八八三九

八八四〇 八八四一 八八四二 八八四三 八八四四

八八四五 八八四六 八八四七 八八四八 八八五三

八八四九 八八五〇 八八五一 八八五二 八八五四

八八五五 八八五六 八八五七

八八五八　八八五九　八八六〇　八八六一　八八六二　八八六三

八八六四　八八六五　八八六六　八八六七　八八六九

八八六八　八八七〇　八八七一

八八七二　八八七三　八八七四　八八七五　八八七六

八八七七　八八七八　八八七九　八八八〇　八八八二

八八八一　八八八三　八八八四　八八八五

八八八六　八八八七　八八八八　八八八九　八八九〇

八八九一

八八九二

八八九三

八八九四

八八九五

八八九六

八八九七

八八九八

八八九九

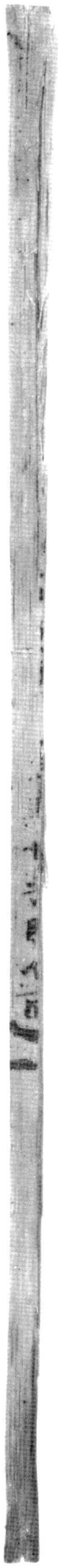
八九〇〇

八九〇一

八九〇二甲

八九〇二乙

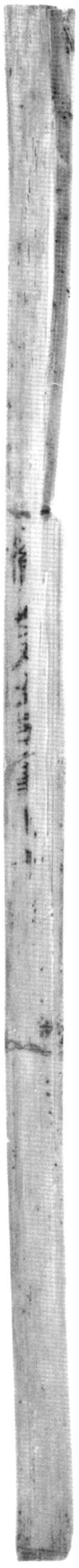
八九〇三

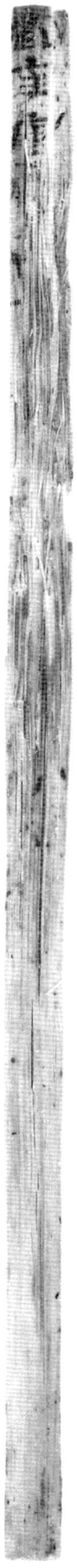
八九〇四

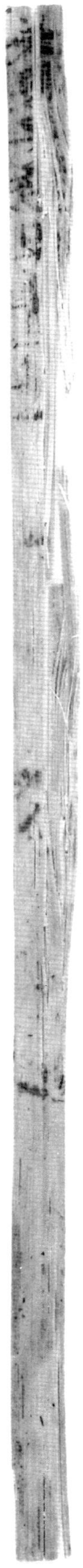
八九〇五

八九〇六

八九〇七

八九〇八

八九〇九

八九一〇

八九一一

八九一二

八九一三

八九一四

八九一五 八九一六 八九一七 八九一八 八九一九 八九二〇 八九二一 八九二二

八九二三

八九二四

八九二五

八九二六

八九二七

八九二八

八九二九

八九三〇

八九三一

八九三二

八九三三

八九三四

八九三五

八九三六

八九三七

八九三八

八九三九
八九四〇
八九四二
八九四一
八九四三
八九四四
八九四五
八九四六
八九四七

八九四八　八九五二

八九四九

八九五〇

八九五一

八九五三

八九五四

八九五五

八九五六

八九五七

八九五八

八九五九

八九六〇

八九六一

八九六二

八九六三

八九六四

八九六五

八九六六

八九六七

八九六八

八九六九

八九七〇

八九七一

八九七二

八九七三

八九七四

八九七五

八九七六

八九七七

八九七八

八九七九

八九八〇

八九八一　八九八二　八九八三　八九八四　八九八五　八九八六　八九八七　八九八九　八九八八　八九九〇　八九九一

八九九二

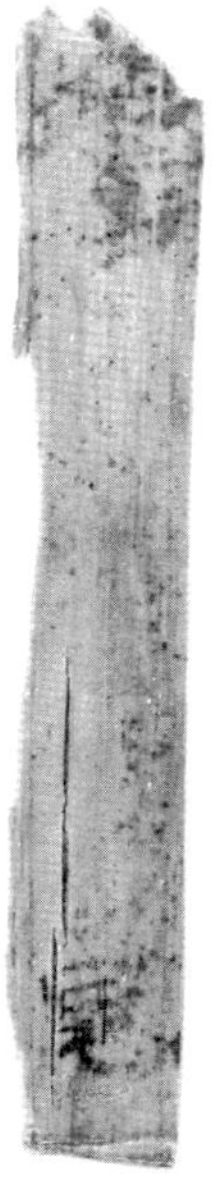
八九九三

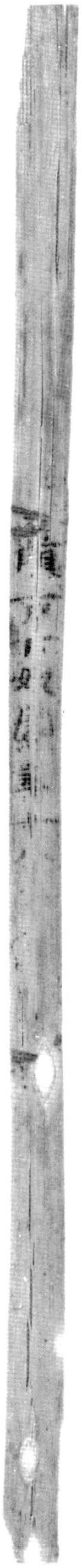
八九九四

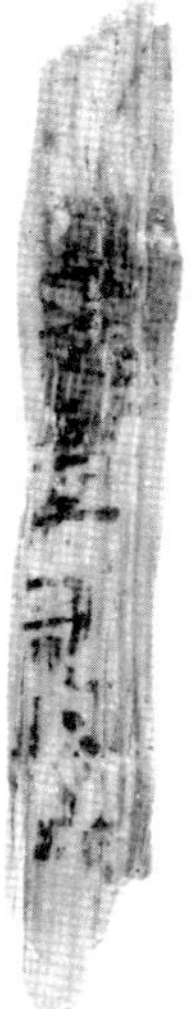
八九九五

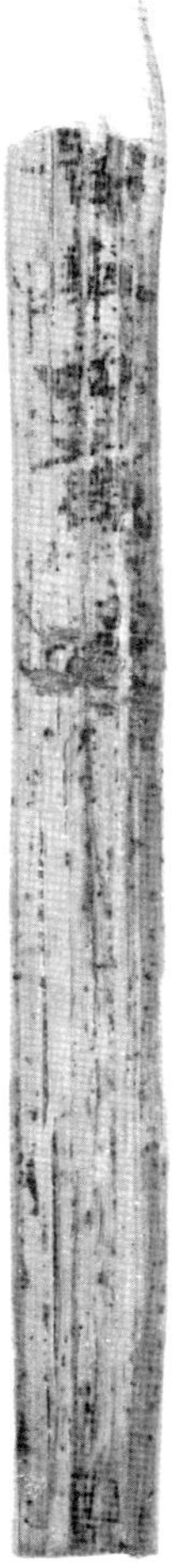
八九九六

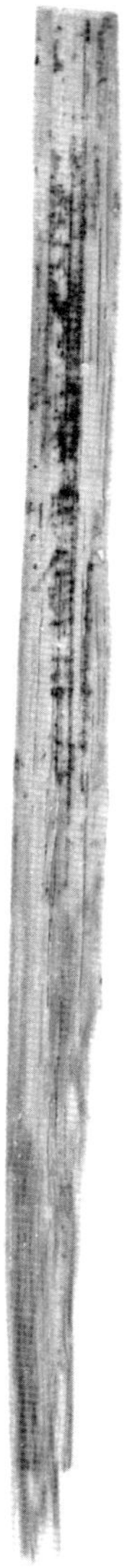
八九九七

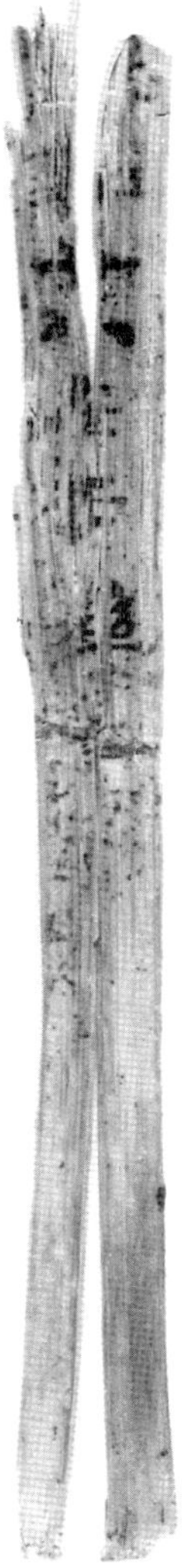
八九九八

八九九九

九〇〇〇

九〇〇一

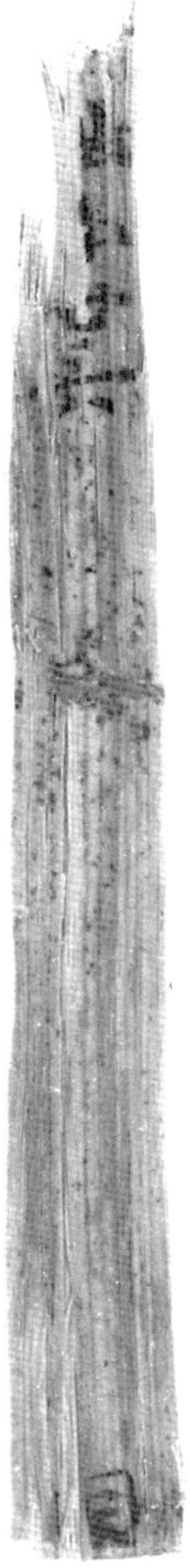

九〇〇二

九〇〇三

九〇〇四

九〇〇五

九〇〇六

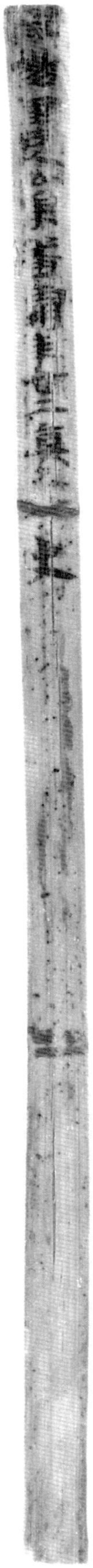

九〇〇七

九〇〇八

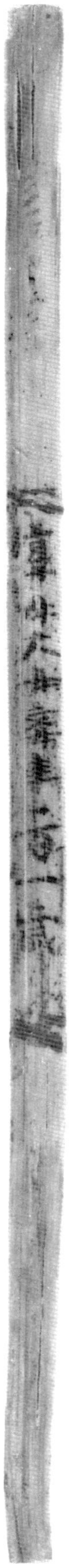

九〇〇九

九〇一〇

九〇一一

九〇一二

九〇一三

九〇一四

九〇一五

九〇一六

九〇一七

九〇一八 九〇一九 九〇二〇 九〇二一 九〇二二 九〇二三 九〇二四 九〇二五

九〇二六

九〇二七

九〇二八

九〇二九

九〇三〇

九〇三一

九〇三二

九〇三三

九〇三四

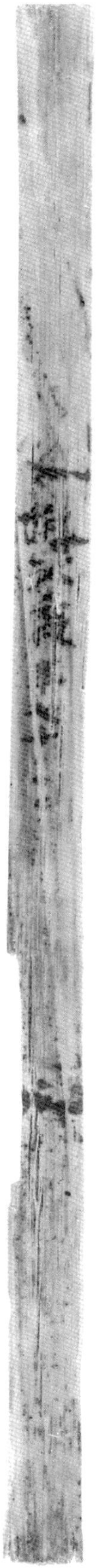

九〇三五

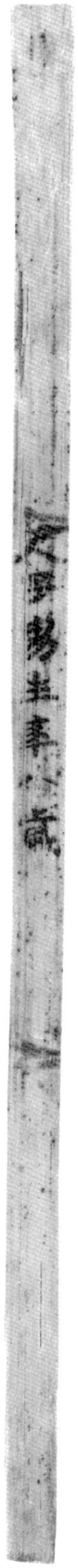

九〇三六

九〇三七

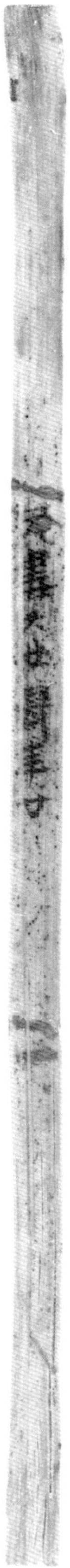

九〇三八

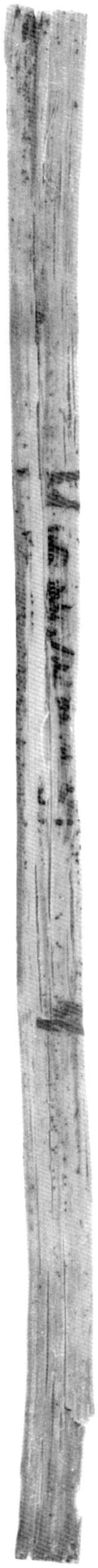

九〇三九

九〇四〇

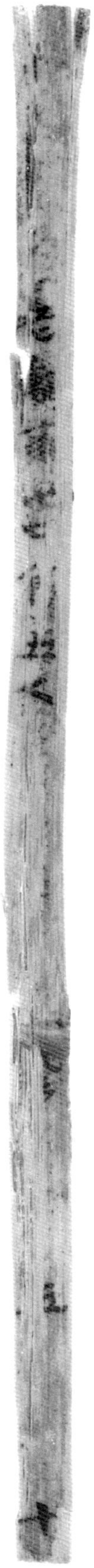

九〇四一

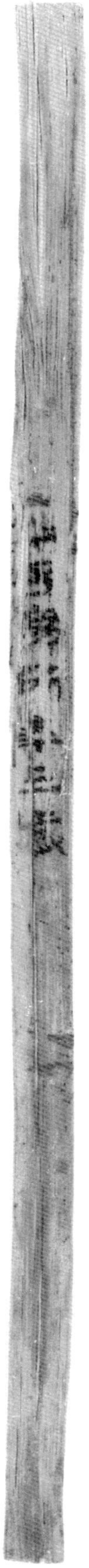

九〇四二

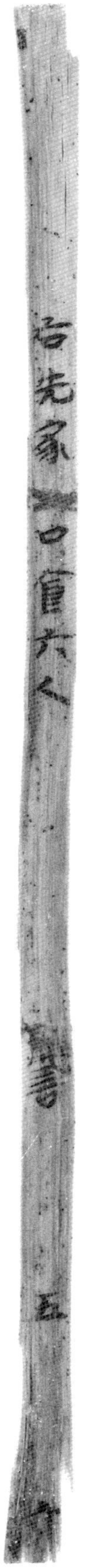

九〇四三

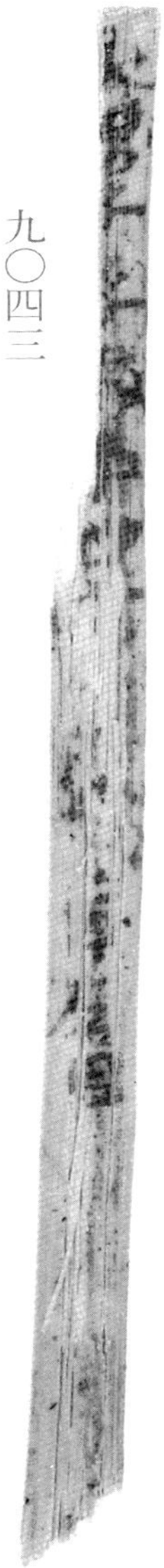

九〇四四

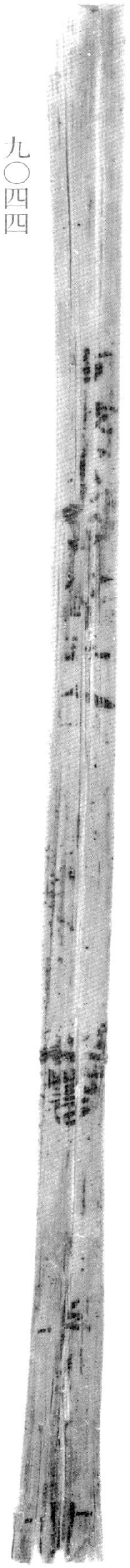

九〇四五

九〇四六

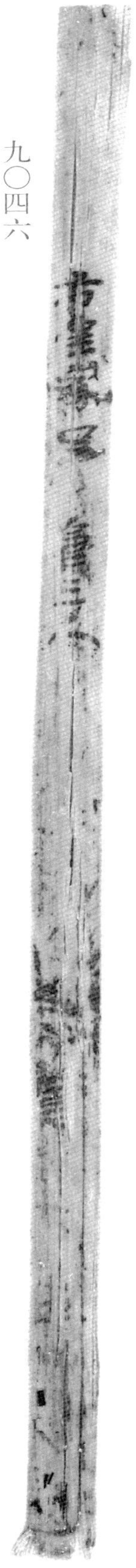

九〇四七

九〇四八

九〇四九

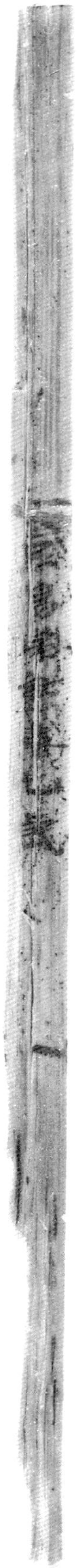

九〇五〇

九〇五一

九〇五二

九〇五三

九〇五四

九〇五五

九〇五六

九〇五七

九〇五八

九〇五九

九〇六〇

九〇六一

九〇六二

九〇六三

九〇六四

九〇六五

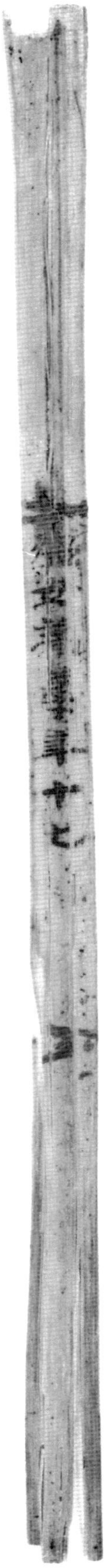
九〇六六

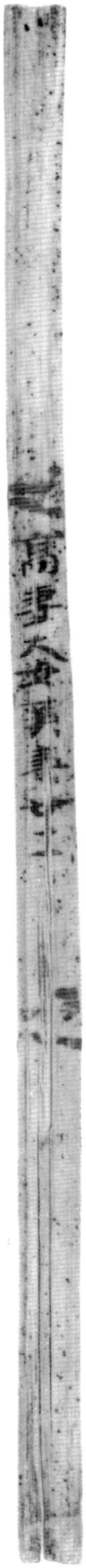
九〇六七

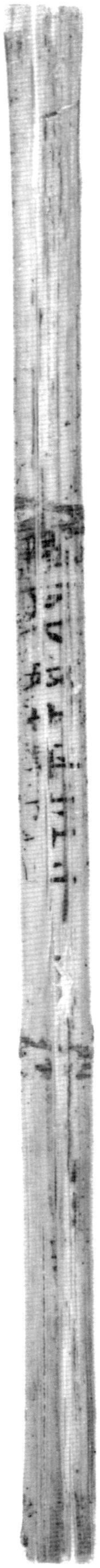
九〇六八

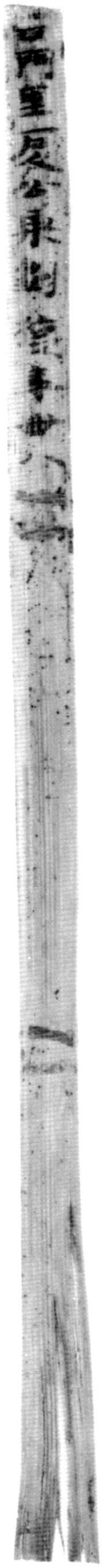
九〇六九

九〇七〇

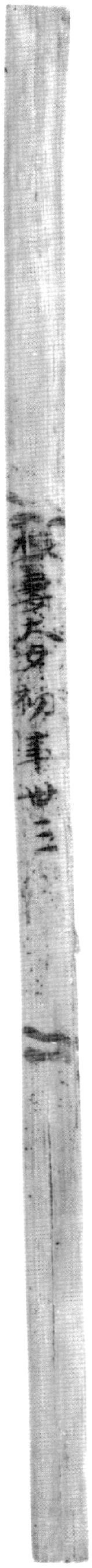
九〇七一

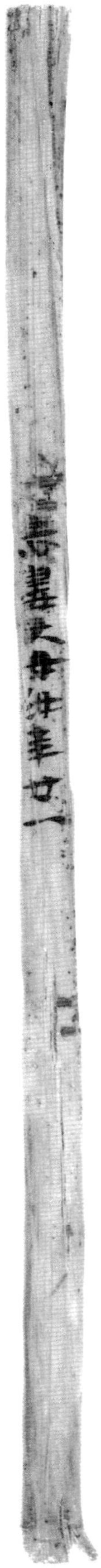
九〇七二

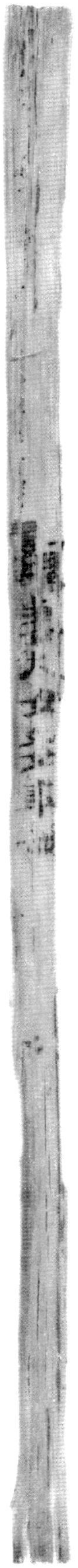
九〇七三

九〇七四

九〇七五

九〇七六

九〇七七

九〇七八

九〇七九

九〇八〇

九〇八一

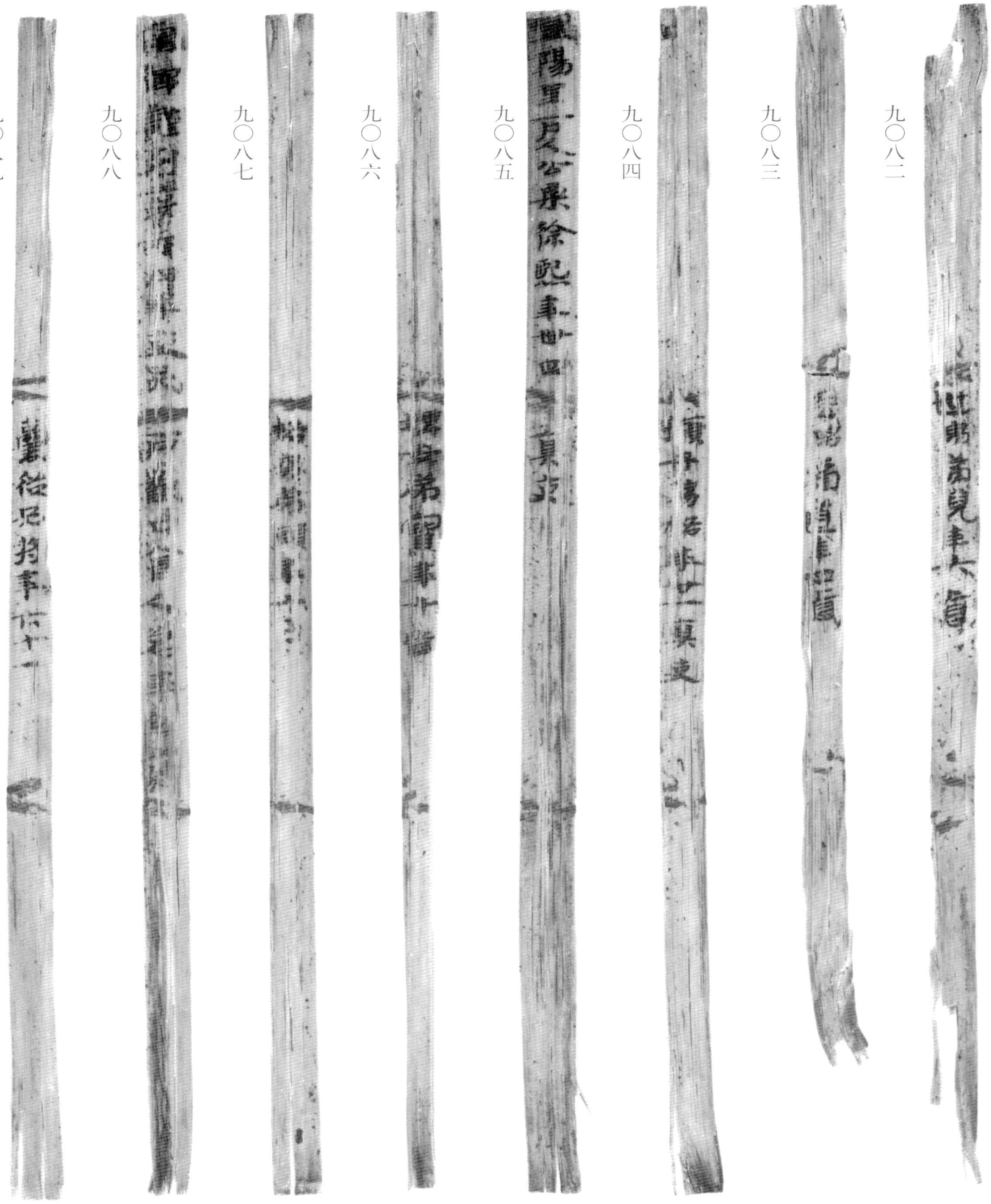

九〇八二

九〇八三

九〇八四

九〇八五

九〇八六

九〇八七

九〇八八

九〇八九

九〇九〇

九〇九一

九〇九二

九〇九三

九〇九四

九〇九五

九〇九六

九〇九七

九〇九八

九〇九九

九一〇〇

九一〇一

九一〇二

九一〇三

九一〇四

九一〇五

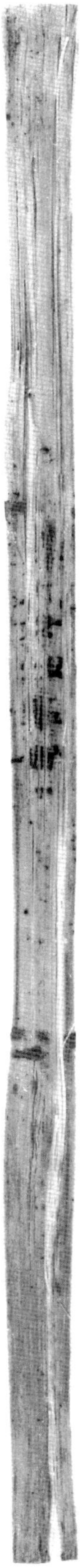

九一〇六

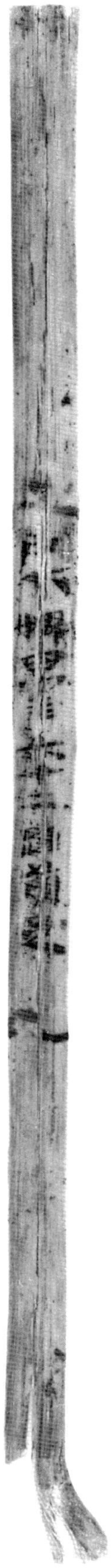

九一〇七

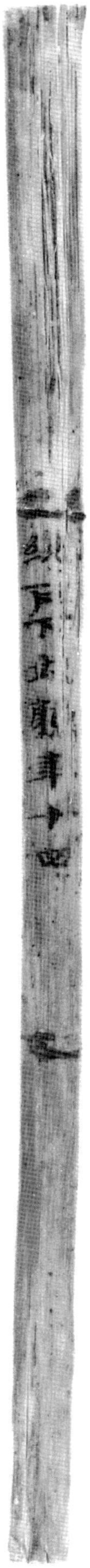

九一〇八

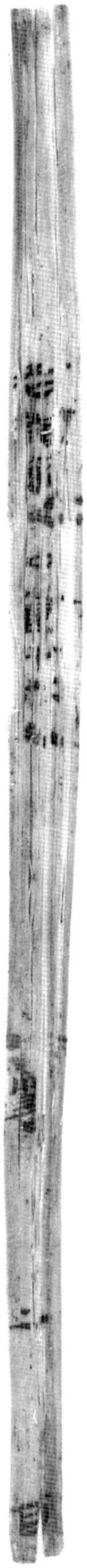

九一〇九

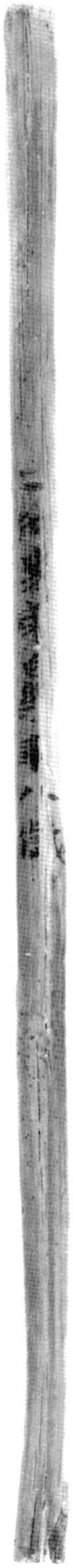

九一一〇

九一一一

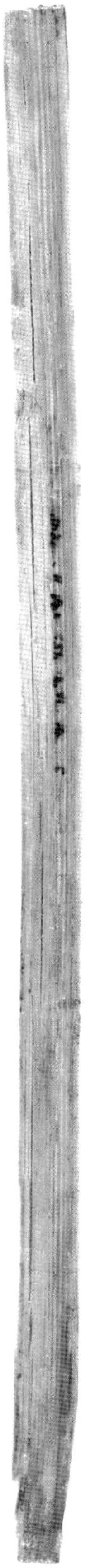

九一一二

九一一三

九一一四

九一一五

九一一六

九一一七

九一一八

九一一九

九一二〇

九一二一

九一二二

九一二三

九一二四

九一二五

九一二六

九一二七

九一二八

九一二九

九一三〇
九一三一
九一三二
九一三三
九一三四
九一三五
九一三六
九一三七

九一三八

九一三九

九一四〇

九一四一

九一四二

九一四三

九一四四

九一四五

九一四六

九一四七

九一四八

九一四九

九一五〇

九一五一

九一五二

九一五三

九一五四
九一五五
九一五六
九一五七
九一五八
九一五九
九一六〇
九一六一

九一六二

九一六三

九一六四

九一六五

九一六六

九一六七

九一六八

九一六九

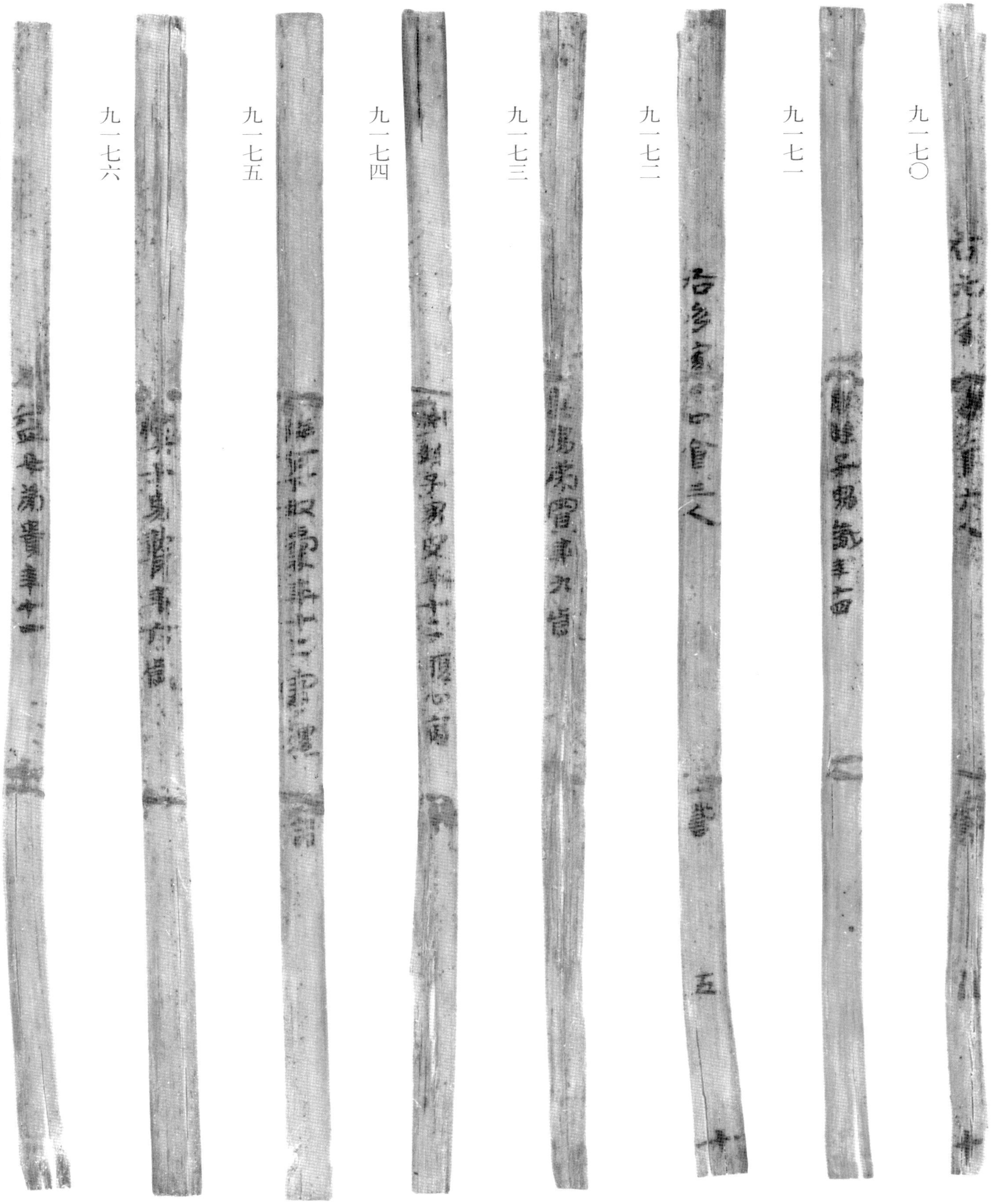

九一七〇

九一七一

九一七二

九一七三

九一七四

九一七五

九一七六

九一七七

九一七八 九一七九 九一八〇 九一八一 九一八二 九一八三 九一八四 九一八五

九一八六 九一八七 九一八八 九一八九 九一九〇 九一九一 九一九二 九一九三

九一九四

九一九五

九一九六

九一九七

九一九八

九一九九

九二〇〇

九二〇一

九二〇二　九二〇三　九二〇四　九二〇五　九二〇六　九二〇七　九二〇八　九二〇九

九二五九

九二六〇

九二六一

九二六二

九二六三

九二六四

九二六五

九二六六

九二六七

九二六八

九二六九

九二七〇

九二七一

九二七二

九二七三

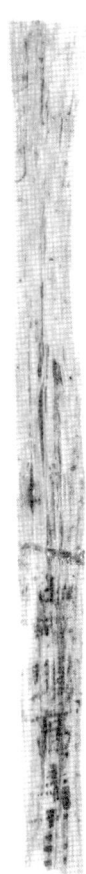

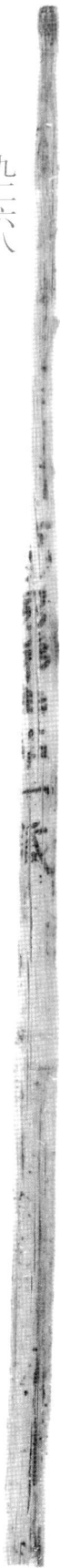

九二七四

九二七五

九二七六

九二七七

九二七八

九二八〇

九二七九

九二八一

九二八二

九二八三

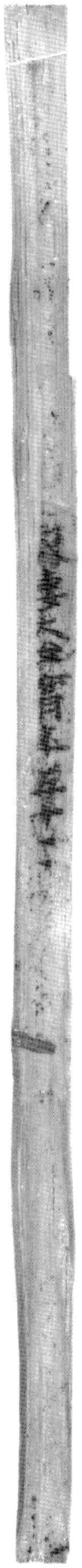

九二八四

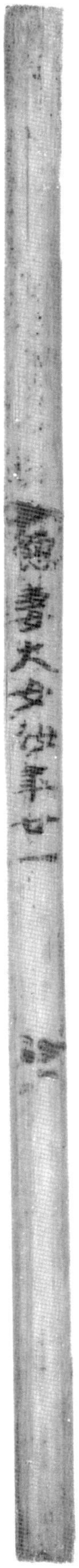

九二八五

九二八六

九二八七

九二八八

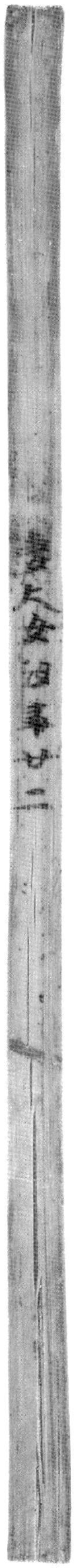

九二八九

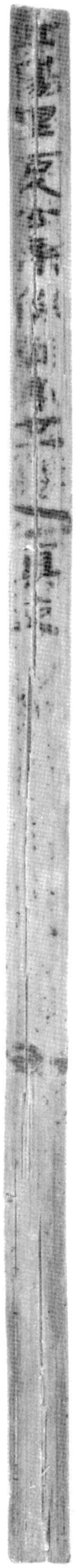

九二九〇

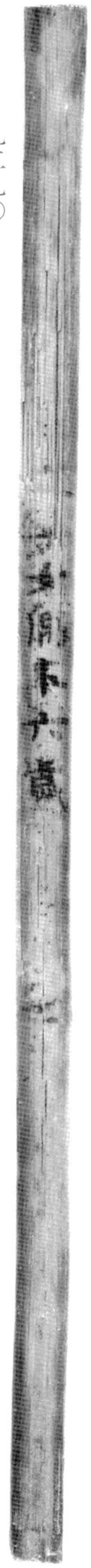

九二九一

九二九二

九二九三

九二九四

九二九五

九二九六

九二九七

九二九八

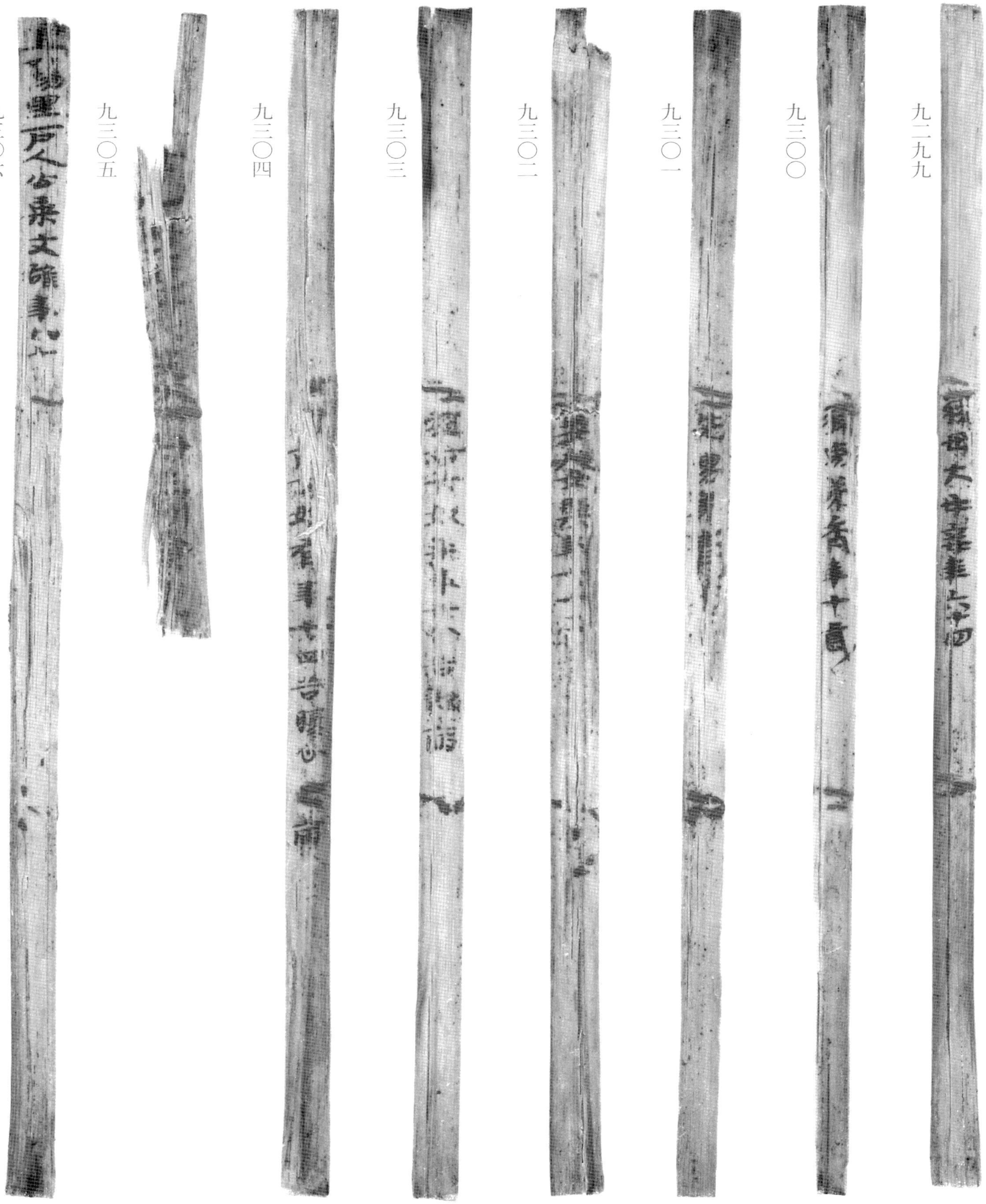

九二九九

九三〇〇

九三〇一

九三〇二

九三〇三

九三〇四

九三〇五

九三〇六

九三〇七

九三〇八

九三〇九

九三一〇

九三一一

九三一二

九三一三

九三一四

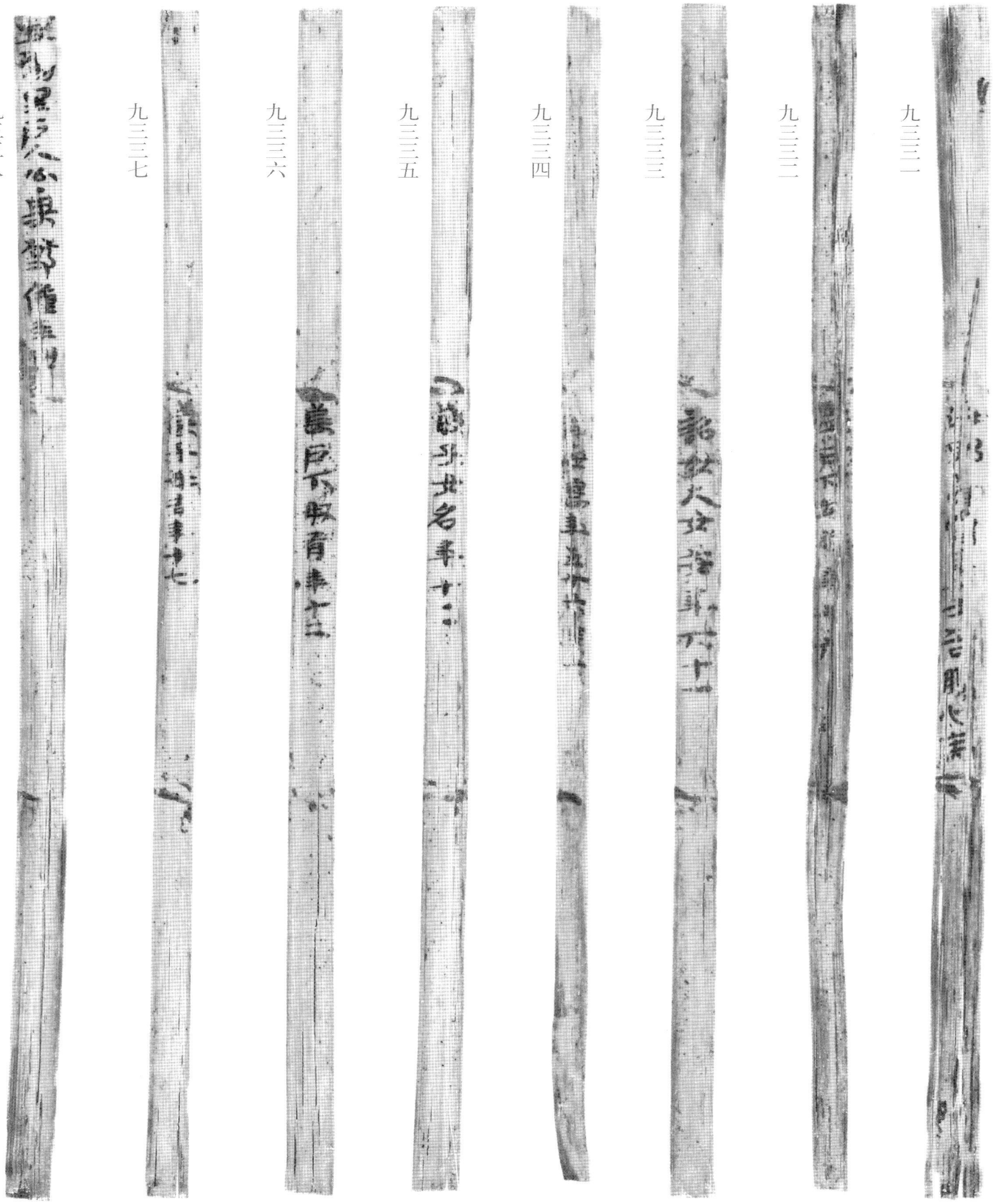

九三三一

九三三二

九三三三

九三三四

九三三五

九三三六

九三三七

九三三八

九三三九

九三四〇

九三四一

九三四二

九三四三

九三四四

九三四五

九三四六

九三四七 九三四八 九三四九 九三五〇 九三五一 九三五二 九三五三 九三五四

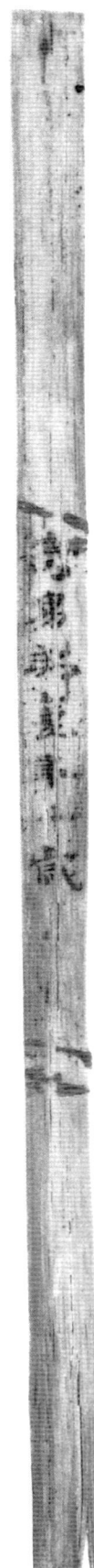

九三五五 九三五六 九三五七 九三五八 九三五九 九三六〇 九三六一 九三六二

九三六三 九三六四 九三六五 九三六六 九三六七 九三六八 九三六九 九三七〇

九三七一

九三七二

九三七三

九三七四

九三七五

九三七六

九三七七

九三七八

九三七九

九三八〇

九三八一

九三八二

九三八三

九三八四

九三八五

九三八六

九三八七

九三八八

九三八九

九三九〇

九三九一

九三九二

九三九三

九三九四

九三九五

九三九六

九三九七

九三九八

九三九九

九四〇〇

九四〇一

九四〇二

九四〇三

九四〇四

九四〇五

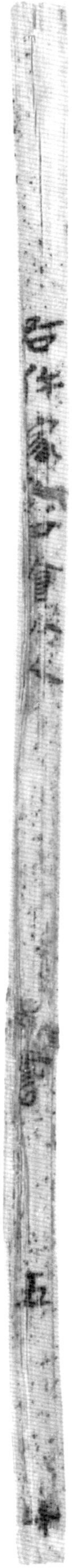

九四〇六

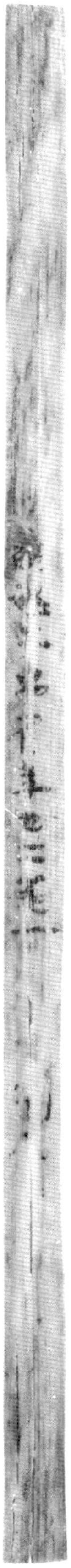

九四〇七

九四〇八

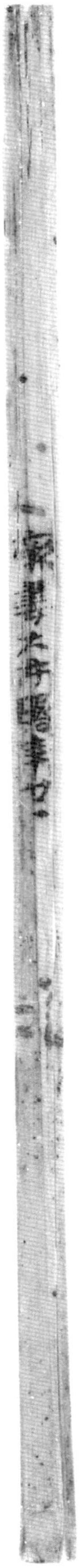

九四〇九

九四一〇

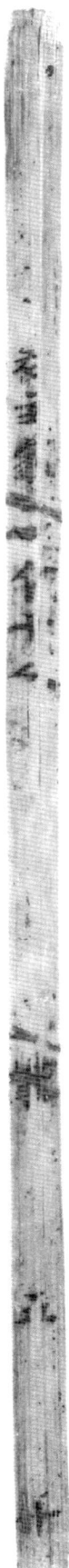

九四一一

九四一二

九四一三

九四一四

九四一五

九四一六

九四一七

九四一八

九四一九

九四二〇

九四二一

九四二二

九四二三

九四二四

九四二五

九四二六

九四二七

九四二八

九四二九

九四三〇

九四三一

九四三二

九四三三

九四三四

九四三五 九四三六 九四三七 九四三八 九四三九 九四四〇 九四四一 九四四二

九四四三

九四四四

九四四五

九四四六

九四四七

九四四八

九四四九

九四五〇

九四五一 九四五二 九四五三 九四五四 九四五五 九四五六 九四五七 九四五八

九四五九

九四六〇

九四六一

九四六二

九四六三

九四六四

九四六五

九四六六

九四六七

九四六八

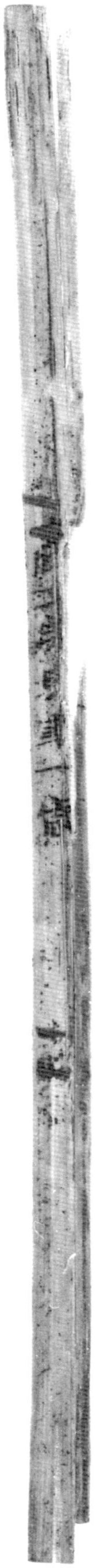
九四六九

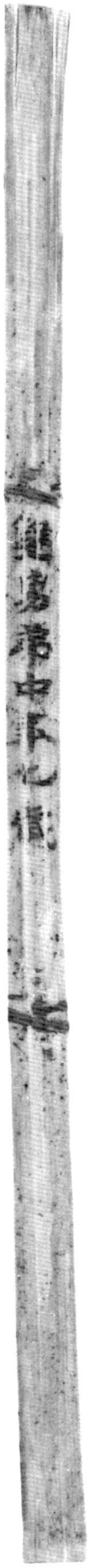
九四七〇

九四七一

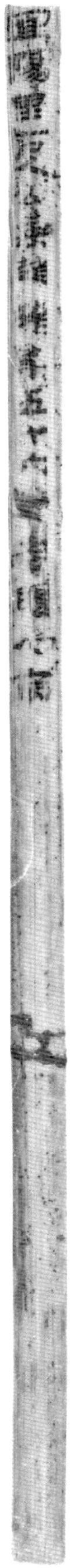
九四七二

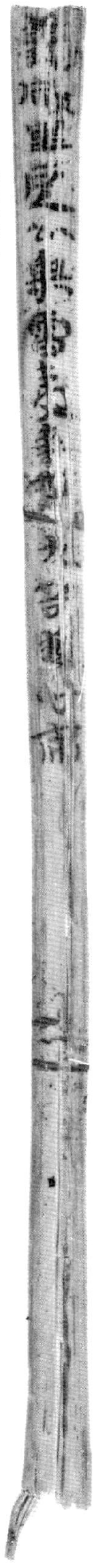
九四七三

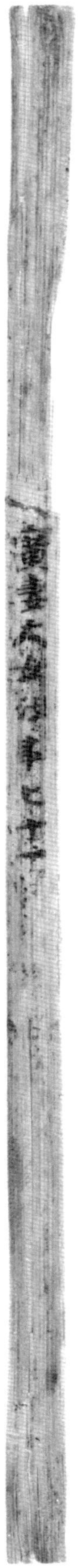
九四七四

九四七五

九四七六

九四七七

九四七八

九四七九

九四八〇

九四八一

九四八二

九四八三 九四八四 九四八五 九四八六 九四八七 九四八八 九四八九 九四九〇

九四九一

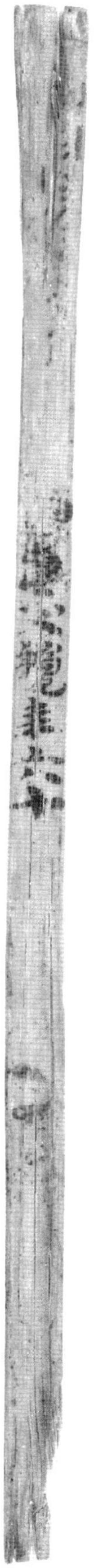
九四九二

九四九三

九四九四

九四九五

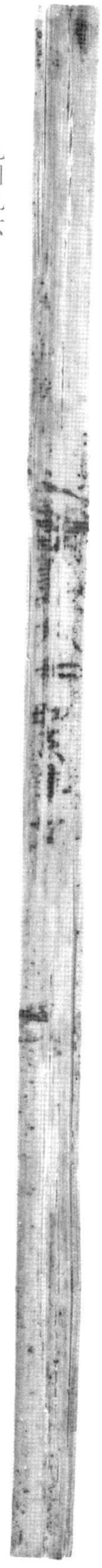
九四九六

九四九七

九四九八

九四九九 九五〇〇 九五〇一 九五〇二 九五〇三 九五〇四 九五〇五 九五〇六

九五〇七

九五〇八

九五〇九

九五一〇

九五一一

九五一二

九五一三

九五一四

九五一五

九五一六

九五一七

九五一八

九五一九

九五二〇

九五二一

九五二二

九五二三

九五二四

九五二五

九五二六

九五二七

九五二八

九五二九

九五三〇

九五三一

九五三二

九五三三

九五三四

九五三五

九五三六

九五三七

九五三八

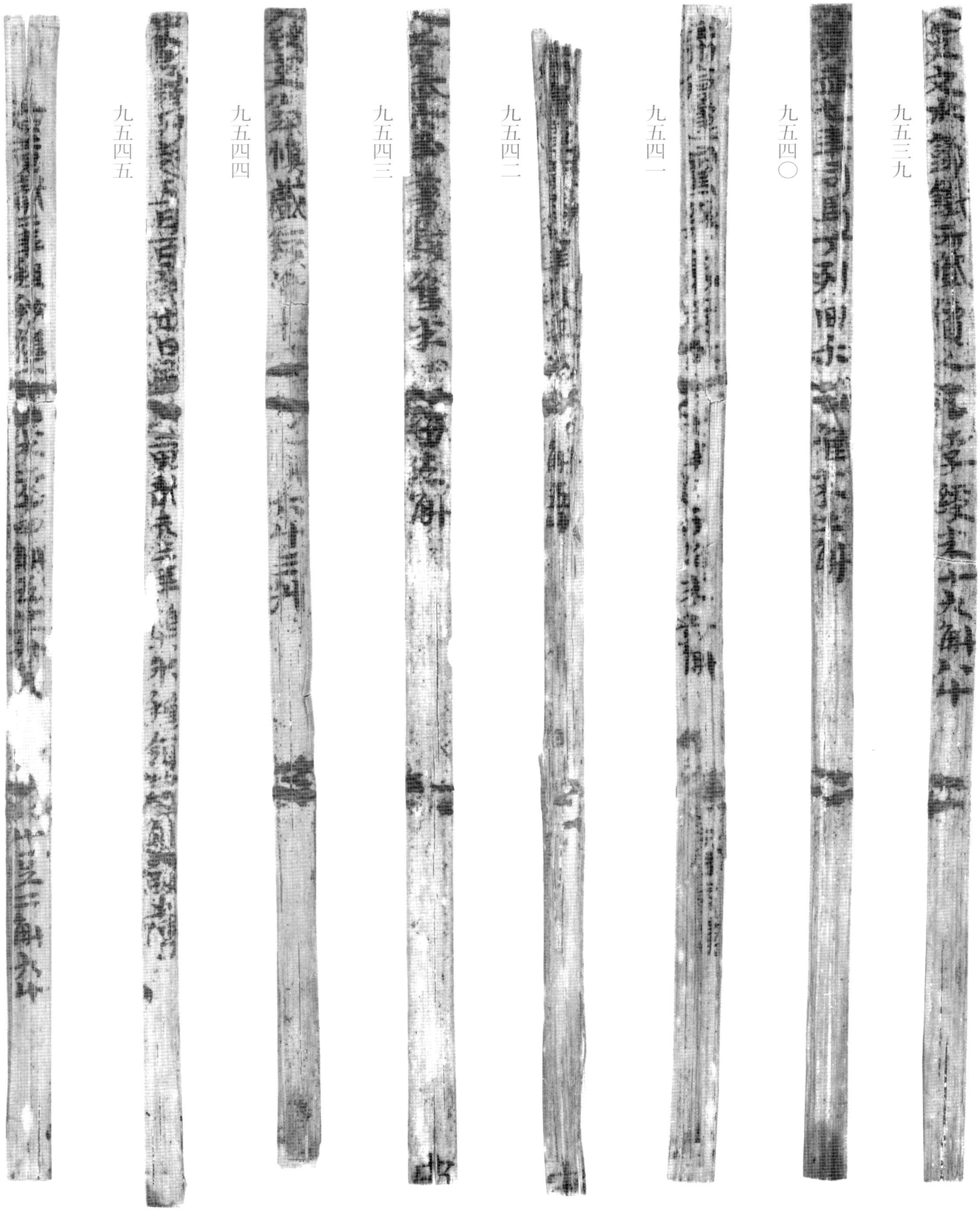

九五三九

九五四〇

九五四一

九五四二

九五四三

九五四四

九五四五

九五四六

九五四七

九五四八

九五四九

九五五〇

九五五一

九五五二

九五五三

九五五四

九五五五

九五五六

九五五七

九五五八

九五五九

九五六〇

九五六一

九五六二

九五六三

九五六四

九五六五

九五六六

九五六七

九五六八

九五六九

九五七〇

九五七一

九五七二

九五七三

九五七四

九五七五

九五七六

九五七七

九五七八

九五七九

九五八〇

九五八一

九五八二

九五八三

九五八四

九五八五

九五八六

九五八七
九五八八
九五八九
九五九〇
九五九一
九五九二
九五九三
九五九四

九五九五
九五九六
九五九七
九五九八
九五九九
九六〇〇
九六〇一
九六〇二

九六〇三

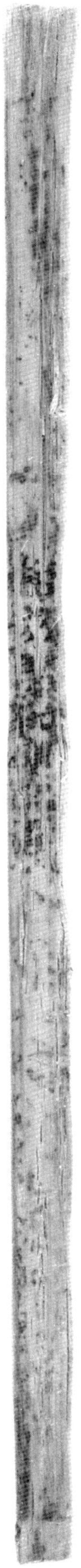

九六〇四

九六〇五

九六〇六

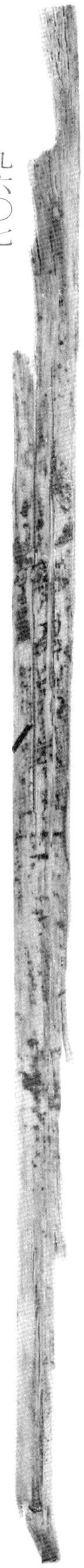

九六〇七

九六〇八

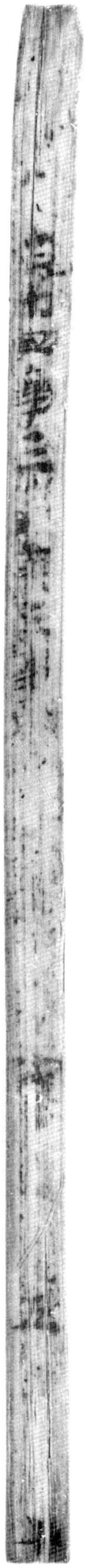

九六〇九

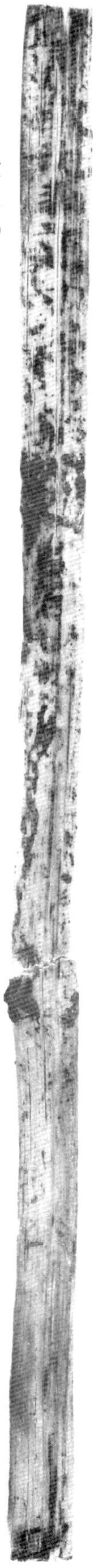

九六一〇

九六一一

九六一二

九六一三

九六一四

九六一五

九六一六

九六一七

九六一八

九六一九

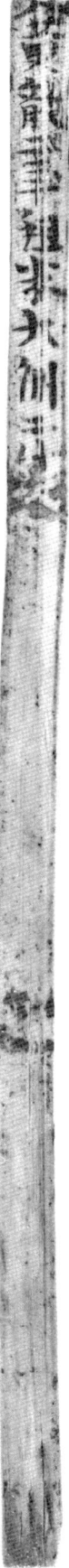

九六二〇

九六二一

九六二二

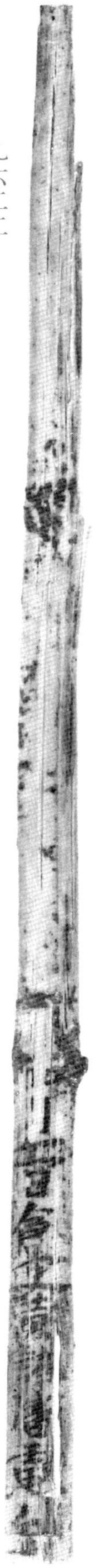

九六二三

九六二四

九六二五

九六二六

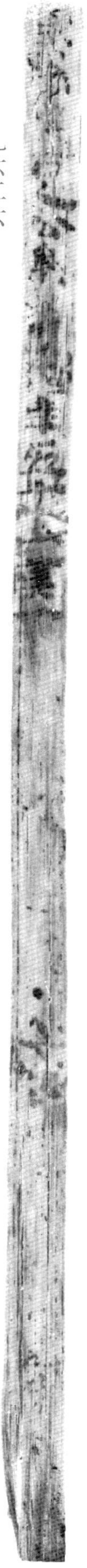

九六二七

九六二八

九六二九

九六三〇

九六三一

九六三二

九六三三

九六三四

九六三五

九六三六

九六三七

九六三八

九六三九

九六四〇

九六四一

九六四二

九六五二 九六五一 九六五〇 九六四八 九六四九 九六四七 九六四六 九六四四 九六四五 九六四三

九六五三　九六五八　九六六〇

九六五四

九六五五

九六五六

九六五七

九六五九

九六六一

九六六二

九六六三　九六六四

九六六五

九六六六

九六六七

九六六八

九六六九

九六七〇

九六七一

九六七二

九六七三

九六七四 九六七五 九六七九

九六七六

九六七七

九六七八

九六八一

九六八〇 九六八二

九六八三
九六八四
九六八五
九六八六
九六八七
九六八八
九六八九
九六九〇
九六九三
九六九一
九六九二
九六九四
九六九五

九六九六　九六九八

九六九七　九六九九

九七〇〇

九七〇一

九七〇二

九七〇三

九七〇四

九七〇五　九七〇六

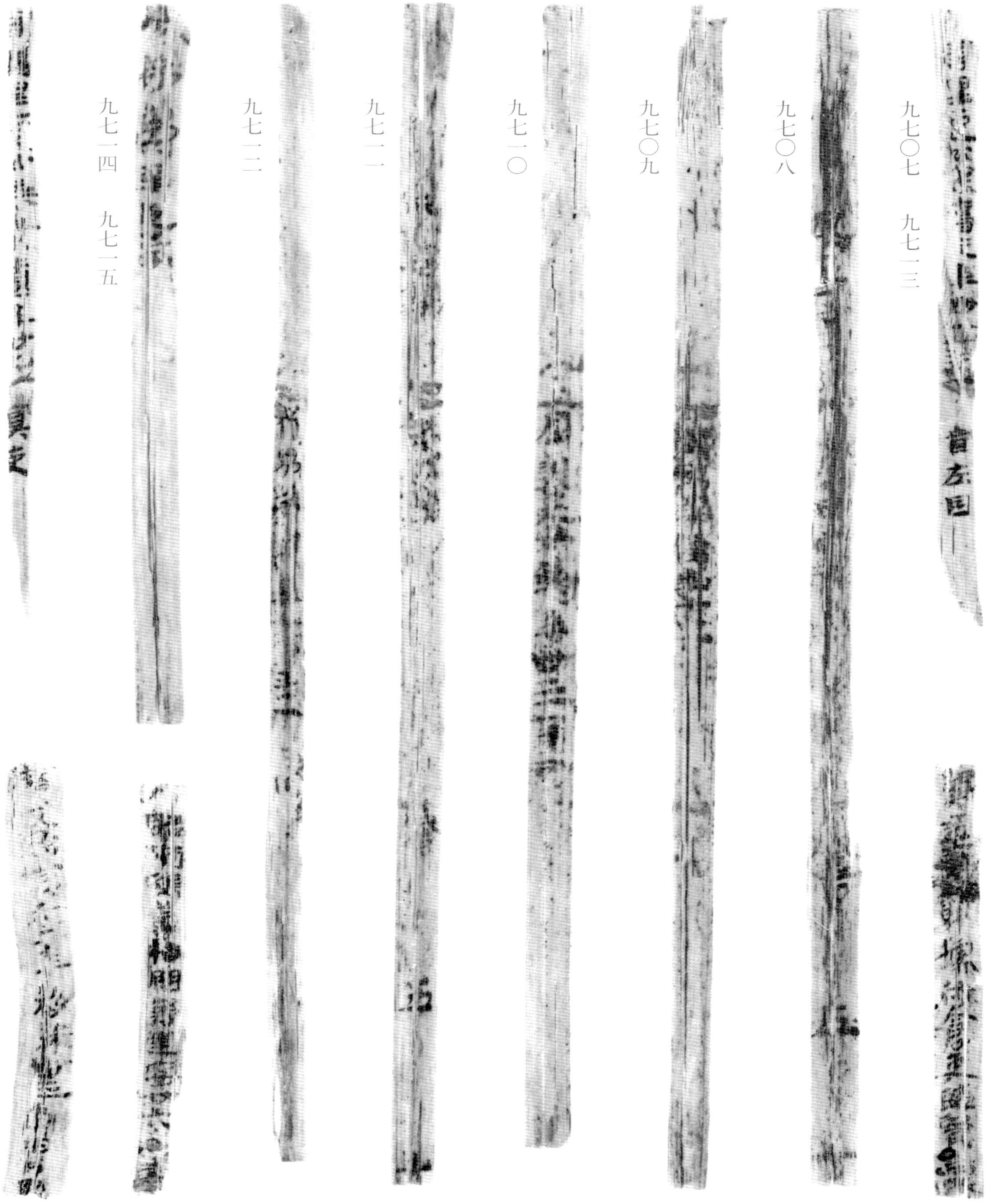

九七〇七　九七一三

九七〇八

九七〇九

九七一〇

九七一一

九七一二

九七一四　九七一五

九七一六　九七一七

九七一八　九七二〇

九七一九

九七二一　九七二二

九七二三

九七二四　九七二六

九七二五

九七二七　九七二八

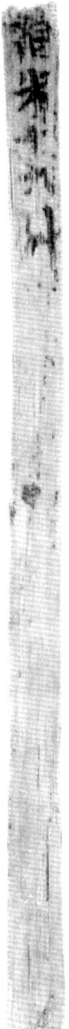

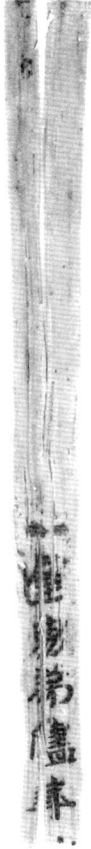

九七二九 九七三二

九七三〇 九七三三

九七三一 九七三七

九七三四

九七三八 九七三九

九七三五

九七三六

九七四〇 九七四一

九七四二

九七四三　九七四九

九七四四

九七四五

九七四六　九七五〇

九七四七

九七四八

九七五一

九七五二

九七五三

九七五四

九七五五

九七五六

九七五七

九七五八

九七五九

九七六〇

九七六一

九七六二

九七六三

九七六四

九七六五

九七六六

九七六七 九七六八

九七六九

九七七〇

九七七一

九七七二

九七七三　九七七四

九七七五

九七七六　九七七七

九七七八

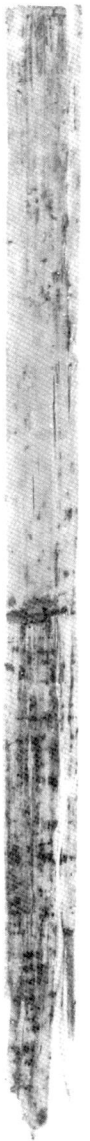

九七七九

九七八〇

九七八一

九七八二

九七八三

九七八四

九七八五

九七八六

九七八七　九七八八

九七八九　九七九四　九七九八

九七九〇

九七九一　九七九三

九七九二

九七九五　九七九六

九七九七　九七九九

九八〇〇

九八〇一 九八〇二 九八〇三 九八〇四

九八〇五 九八〇六 九八〇七

九八〇八 九八〇九

九八一〇 九八一一 九八一二

九八一三 九八一四 九八一五 九八一六

九八一七 九八一八 九八一九

九八二〇

九八二一 九八二二

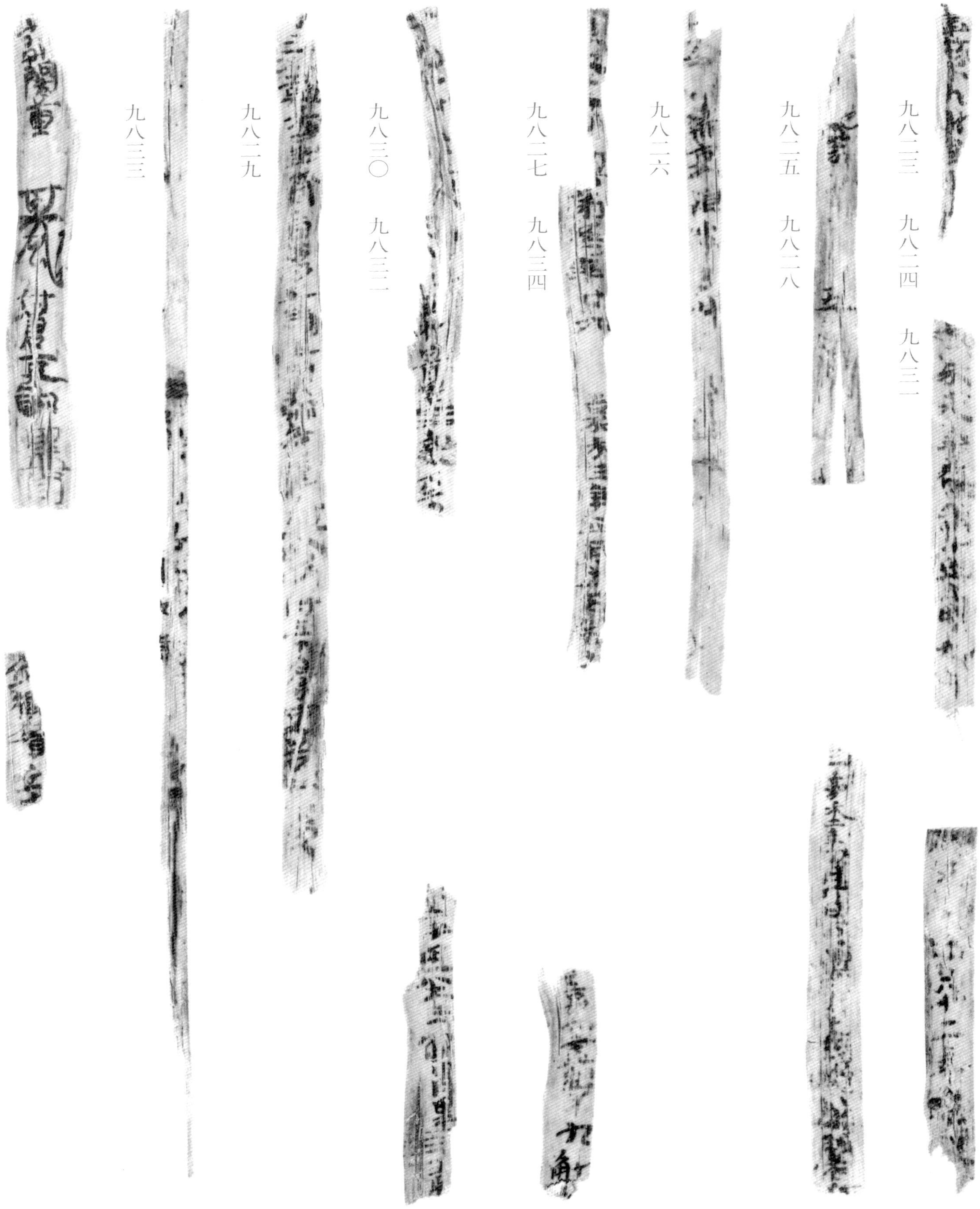

九八二三　九八二四　九八三二

九八二五　九八二八

九八二六

九八二七　九八三四

九八三〇　九八三一

九八二九

九八三三

九八三五　九八三六

九八三七 九八三八 九八五六

九八三九 九八四六 九八四二

九八四一 九八四三 九八四〇

九八四四 九八四五 九八五二

九八四七 九八四八 九八四九

九八五〇 九八五一 九八五三

九八五四 九八五五 九八五七 九八五八

九八五九

九八六〇

九八六一　九八六二

九八六三　九八六四

九八六五　九八六八

九八六六

九八六九　九八七一

九八七〇

九八六七　九八七二

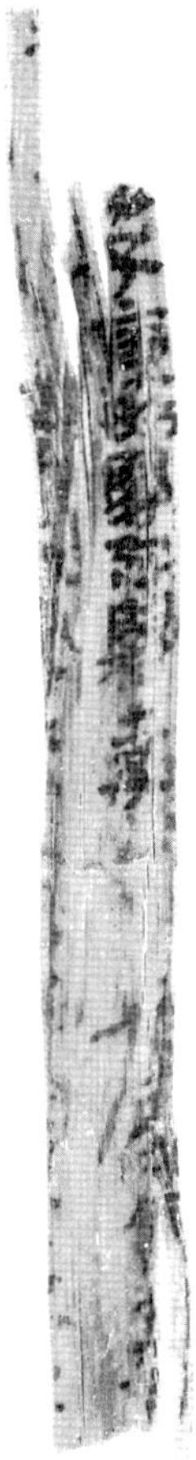
九八七三

九八七四

九八七八

九八七五

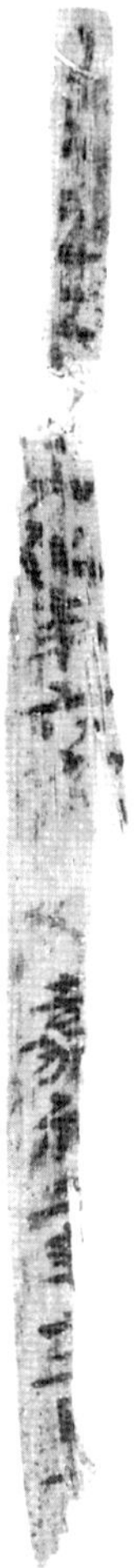
九八七六

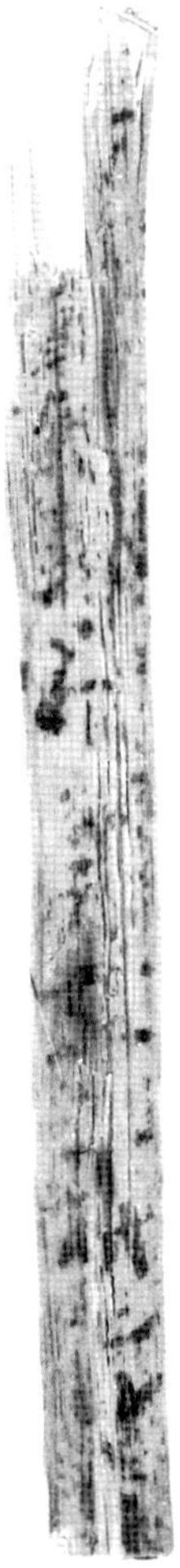
九八七七

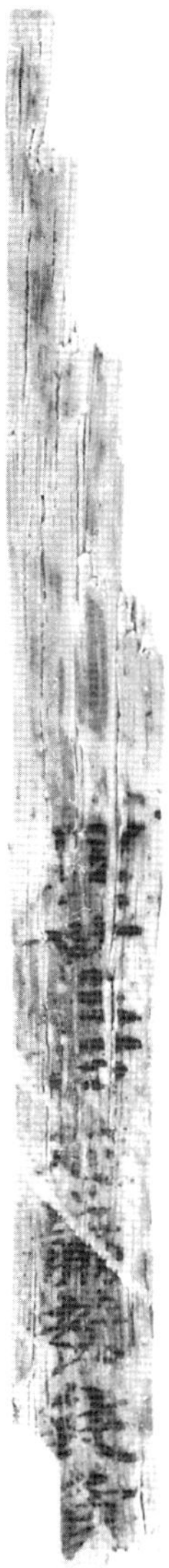
九八七九

九八八〇

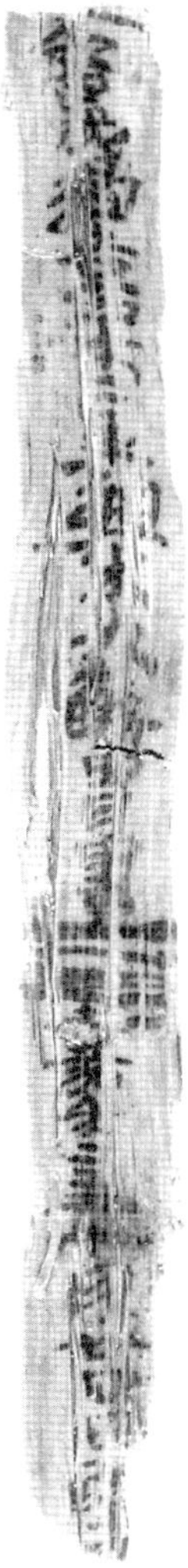
九八八一

九八八二 九八八三 九八八四 九八八五 九八八六 九八八七 九八八八 九八八九 九八九〇

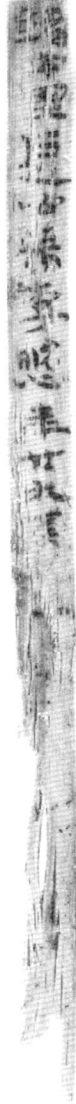

九八九一

九八九二　九八九三

九八九四

九八九五

九八九六　九八九七

九八九八

九八九九

九九〇〇

九九〇一　九九〇六

九九〇二　九九〇三

九九〇四　九九一〇

九九〇五　九九〇八

九九〇七　九九〇九

九九一二　九九一三　九九一四

九九一一　九九一五

九九一六　九九一七　九九一八

九九一九　九九二〇

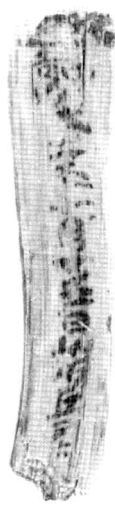

九九二一　九九二二　九九二三

九九二四　九九二五　九九二九

九九二六　九九二七　九九二八

九九三〇　九九三一　九九三二　九九三五

九九三三　九九三四　九九三六

九九三七　九九三八　九九三九

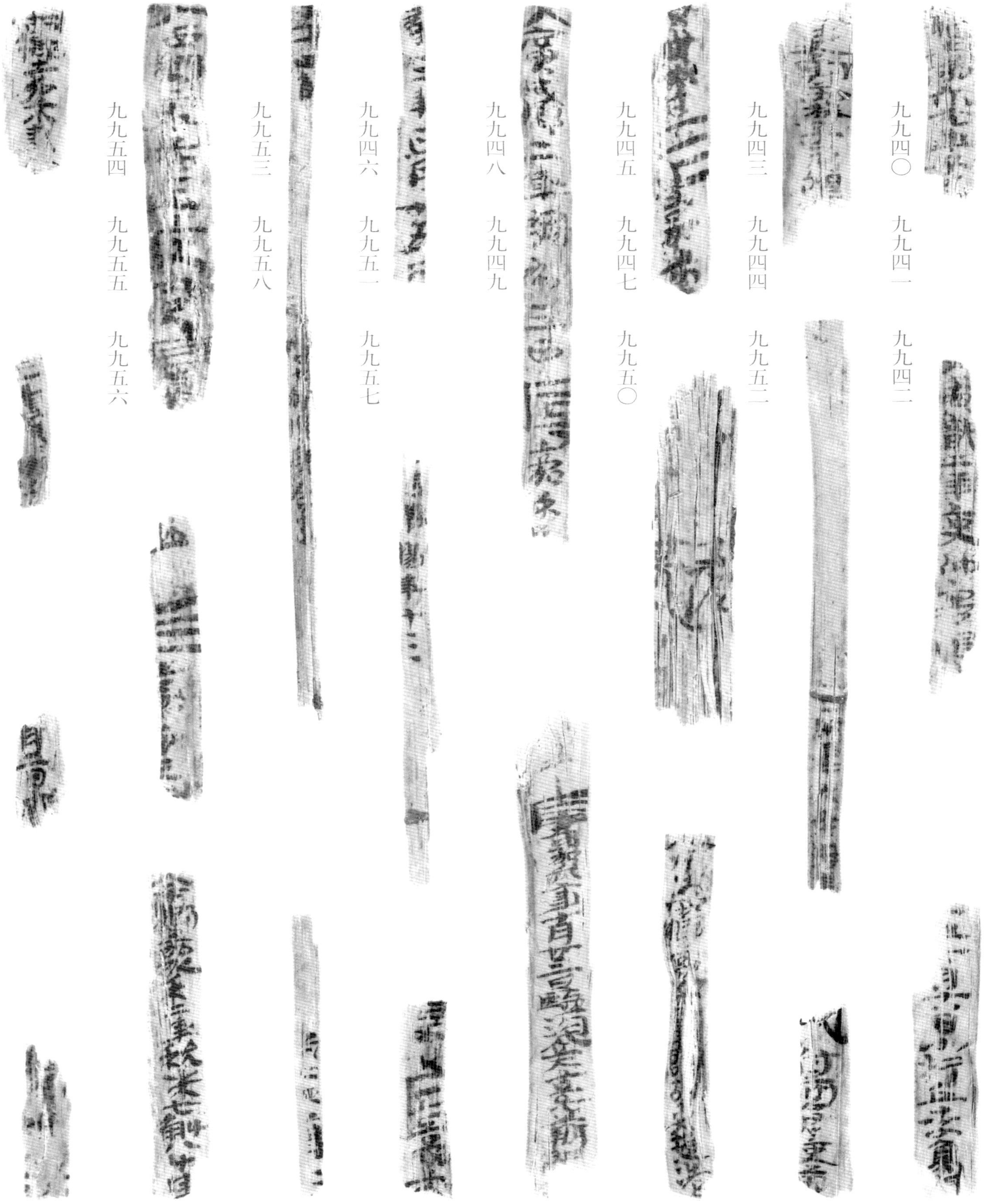

九九四〇 九九四一 九九四二

九九四三 九九四四 九九五二

九九四五 九九四七 九九五〇

九九四八 九九四九

九九四六 九九五一 九九五七

九九五三 九九五八

九九五四 九九五五 九九五六

九九五九 九九六〇 九九六一 九九六二

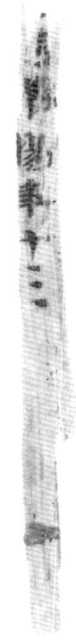

九九六三 九九六四 九九六五 九九六六

九九六七 九九六八 九九六九 九九八八

九九七〇 九九七一 九九七二 九九七四

九九七三 九九七五 九九七六

九九七七 九九七八 九九七九 九九八〇

九九八一 九九八二 九九八三 九九八七

九九八四 九九八五 九九八六

九九八九 九九九〇 九九九一 九九九二

九九九三　一〇〇〇〇

九九九四　九九九五

九九九六　九九九九

九九九七　一〇〇〇三

九九九八　一〇〇〇五

一〇〇〇一

一〇〇〇二　一〇〇〇六

一〇〇〇四　一〇〇〇七

一〇〇〇八　一〇〇〇九　一〇〇一二

一〇〇一〇　一〇〇一一

一〇〇一三　一〇〇一四　一〇〇一五　一〇〇一六

一〇〇一七　一〇〇二〇

一〇〇一八　一〇〇二一

一〇〇一九　一〇〇二二

一〇〇二三　一〇〇二四　一〇〇二五

一〇〇二六　一〇〇二七

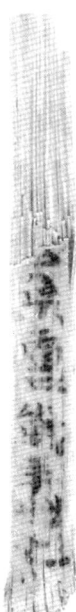

一〇〇二八　一〇〇二九　一〇〇三〇

一〇〇三一　一〇〇三二　一〇〇三三

一〇〇三四　一〇〇三五

一〇〇三六　一〇〇三七　一〇〇三八　一〇〇三九

一〇〇四〇

一〇〇四一

一〇〇四二

一〇〇四三

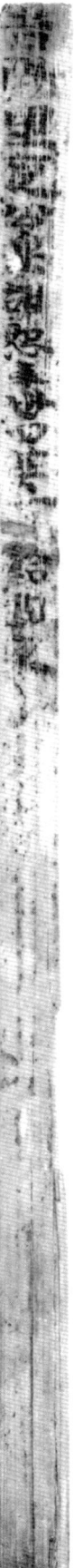

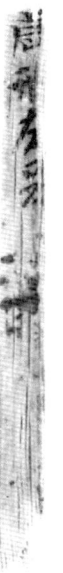

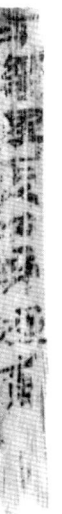

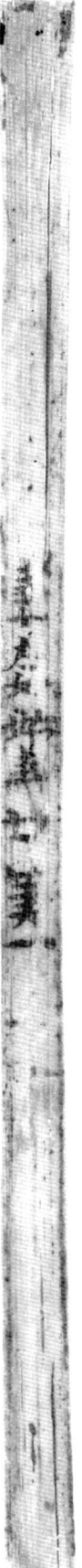

一〇四四
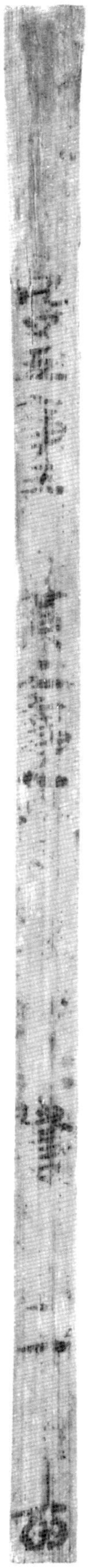

一〇四五

一〇四六
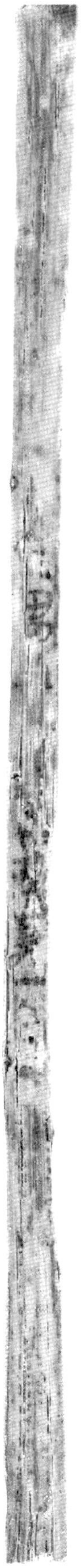

一〇四七
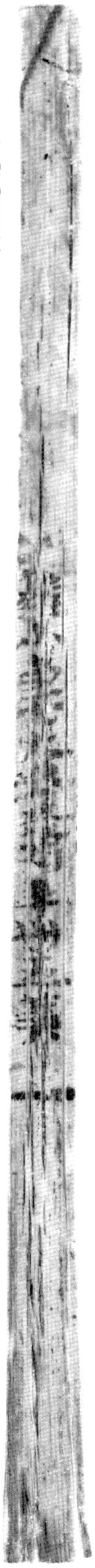

一〇四八

一〇四九
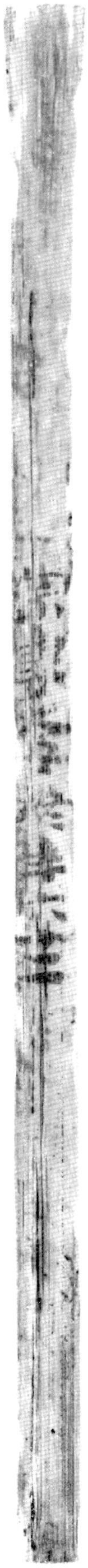

一〇五〇
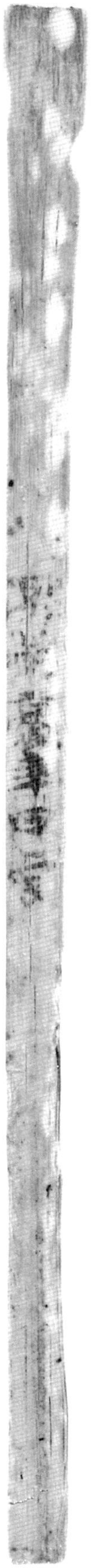

一〇五一

一〇〇五二

一〇〇五三

一〇〇五四

一〇〇五五

一〇〇五六

一〇〇五七

一〇〇五八

一〇〇五九

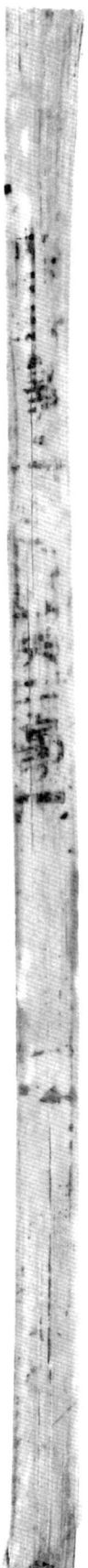

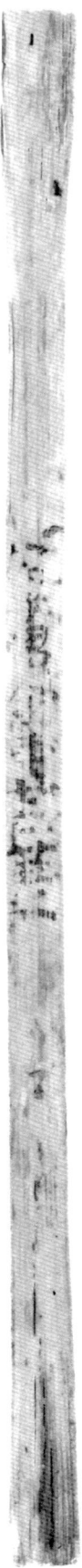

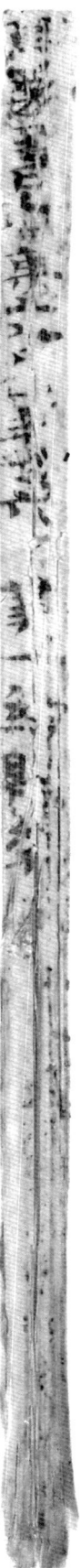

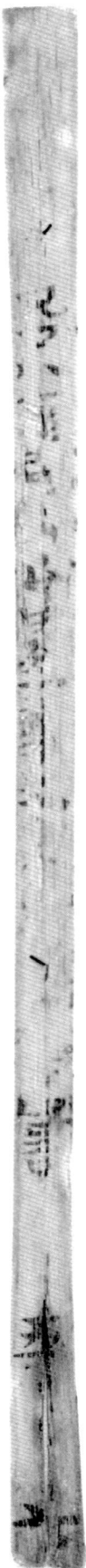

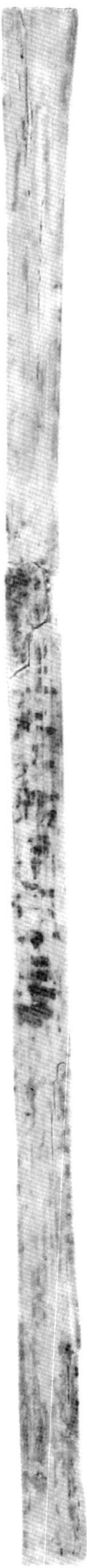

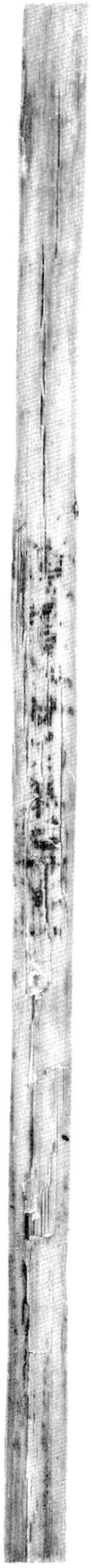
一〇〇六〇

一〇〇六一

一〇〇六二

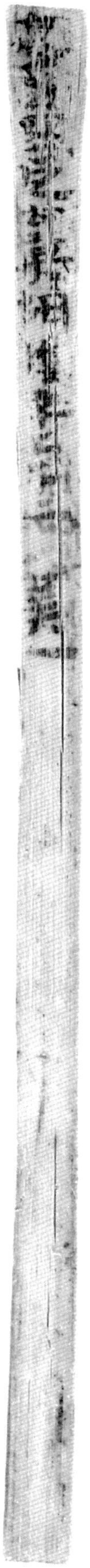
一〇〇六三

一〇〇六四

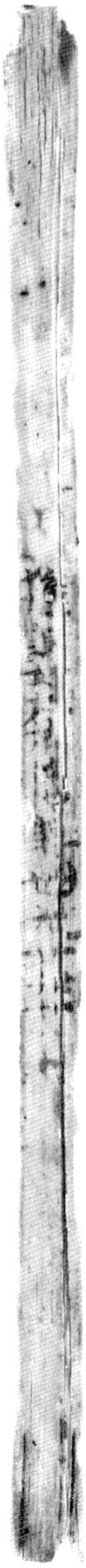
一〇〇六五

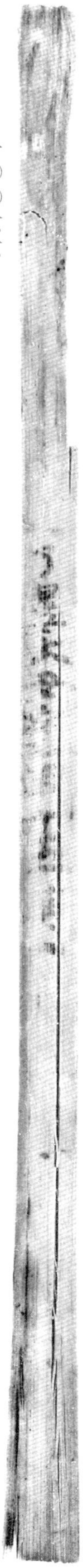
一〇〇六六

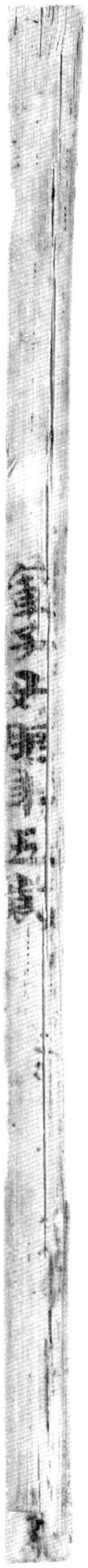
一〇〇六七

一〇〇六八

一〇〇六九

一〇〇七〇

一〇〇七一

一〇〇七二

一〇〇七三

一〇〇七四

一〇〇七五

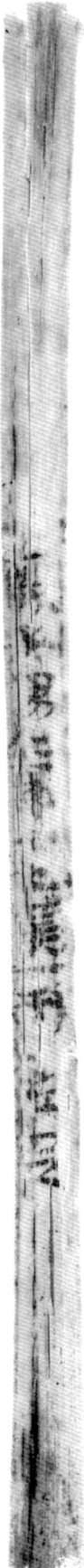

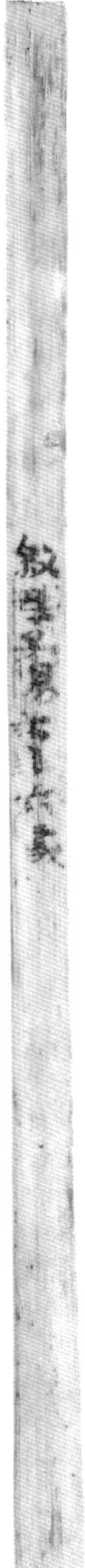

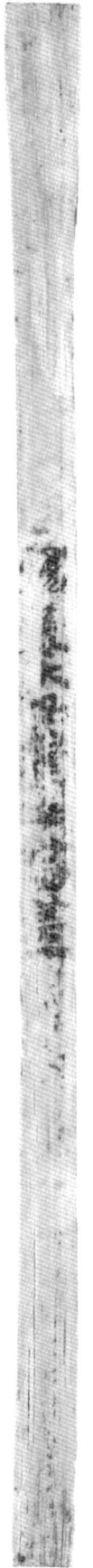

一〇七六

一〇七七

一〇七八

一〇七九

一〇八〇

一〇八一

一〇八二

一〇八三

一〇八四

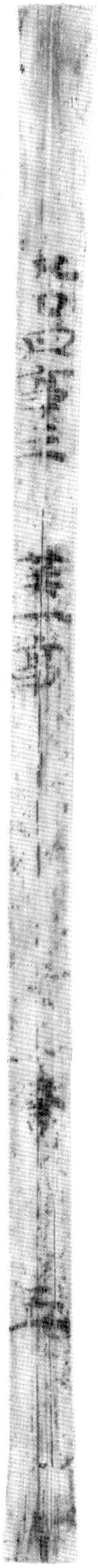

一〇八五

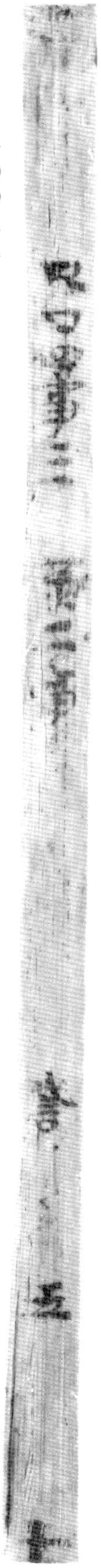

一〇八六

一〇八七

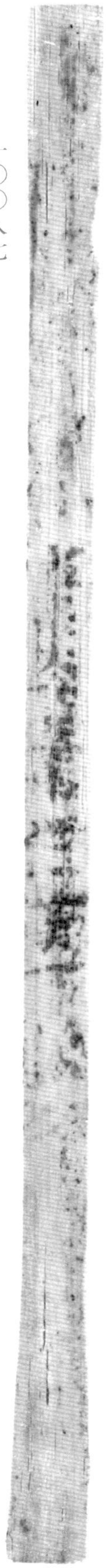

一〇八八

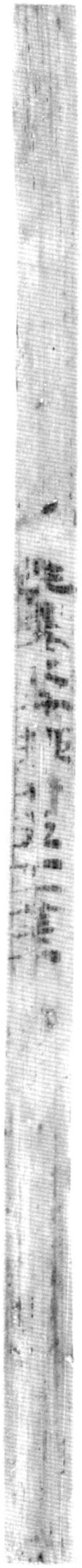

一〇八九

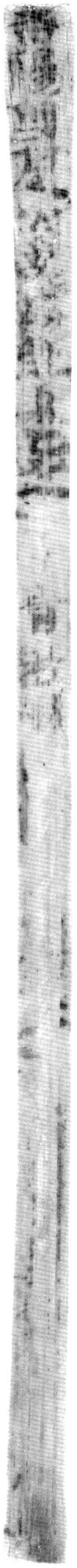

一〇九〇

一〇九一

一〇〇九二

一〇〇九三

一〇〇九四

一〇〇九五
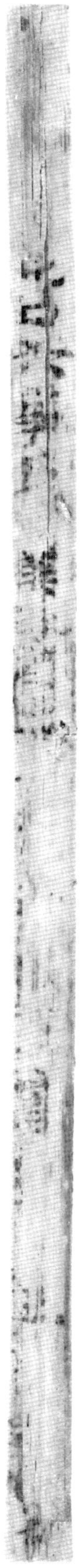

一〇〇九六
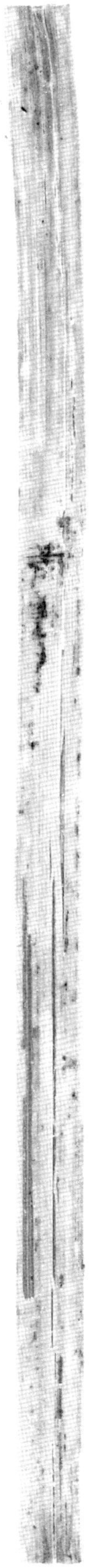

一〇〇九七

一〇〇九八
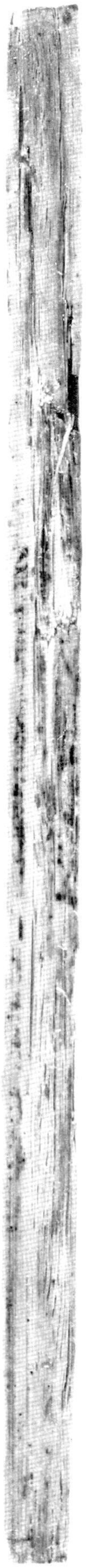

一〇〇九九
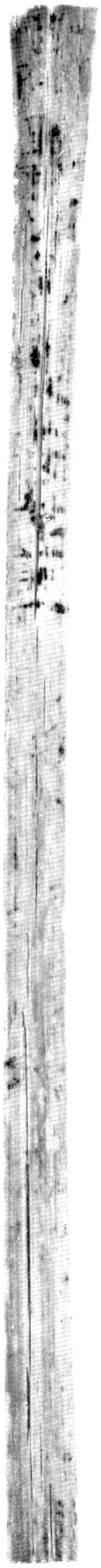

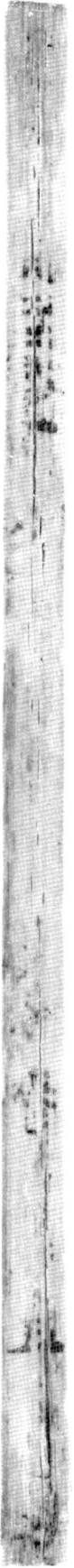

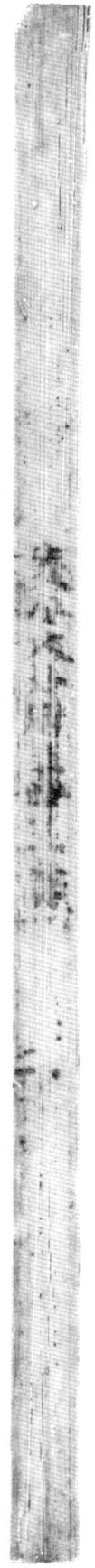

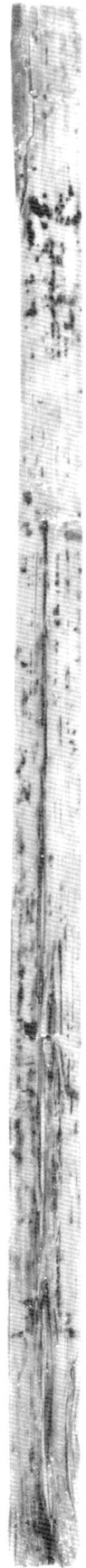

一〇一〇〇
一〇一〇一
一〇一〇二
一〇一〇三
一〇一〇四
一〇一〇五
一〇一〇六
一〇一〇七

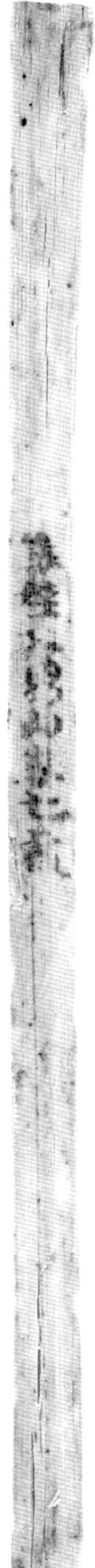

一〇一〇八

一〇一〇九

一〇一一〇

一〇一一一

一〇一一二

一〇一一三

一〇一一四

一〇一一五

一〇一一六

一〇一一七

一〇一一八

一〇一一九

一〇一二〇

一〇一二一

一〇一二二

一〇一二三

一〇一二四

一〇一二五

一〇一二六

一〇一二七

一〇一二八

一〇一二九

一〇一三〇

一〇一三一

一〇一三二

一〇一三三

一〇一三四

一〇一三五

一〇一三六

一〇一三七

一〇一三八

一〇一三九

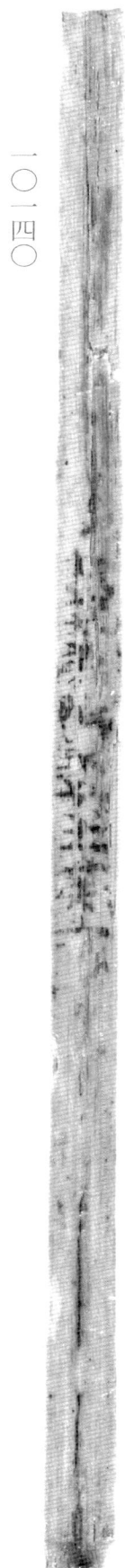

一〇一四〇

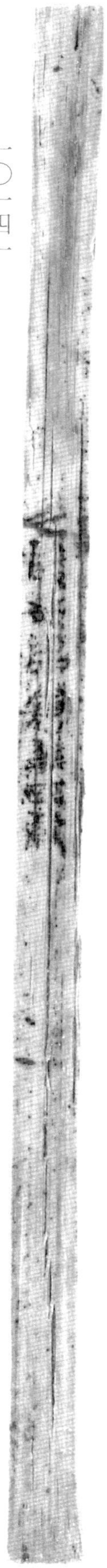
一〇一四一

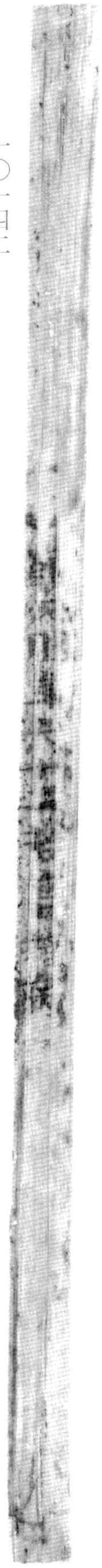
一〇一四二

一〇一四三

一〇一四四

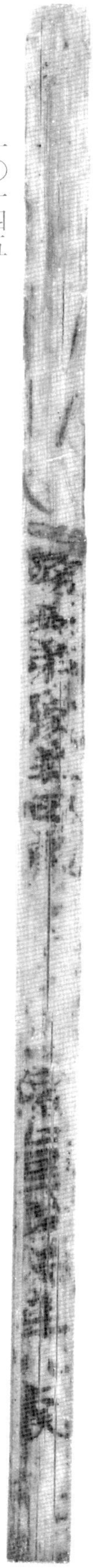
一〇一四五

一〇一四六

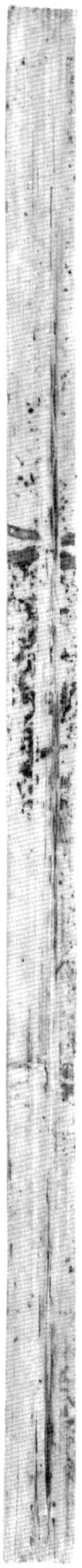
一〇一四七

一〇一四八

一〇一四九

一〇一五〇

一〇一五一

一〇一五二

一〇一五三

一〇一五四

一〇一五五

一〇一五六

一〇一五七

一〇一五八

一〇一五九

一〇一六〇

一〇一六一

一〇一六二

一〇一六三

一〇一六四

一〇一六五

一〇一六六

一〇一六七

一〇一六八

一〇一六九

一〇一七〇

一〇一七一

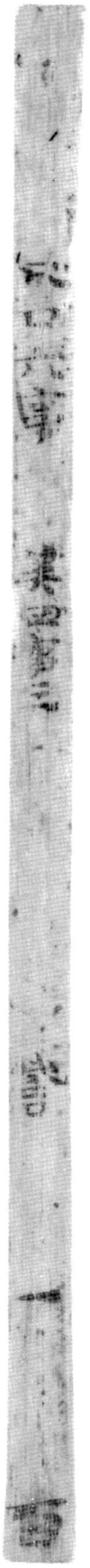
一〇一七二

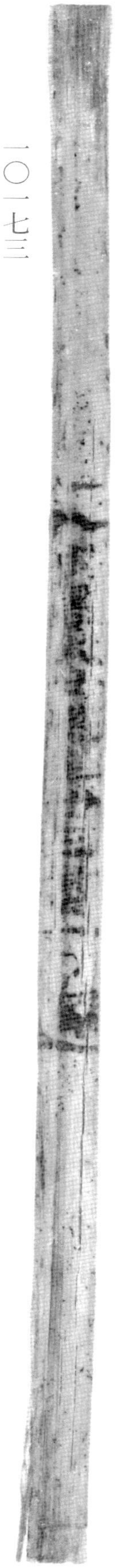
一〇一七三

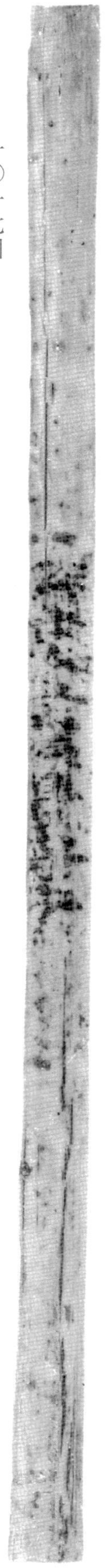
一〇一七四

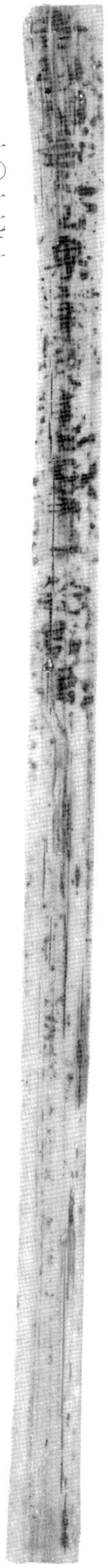
一〇一七五

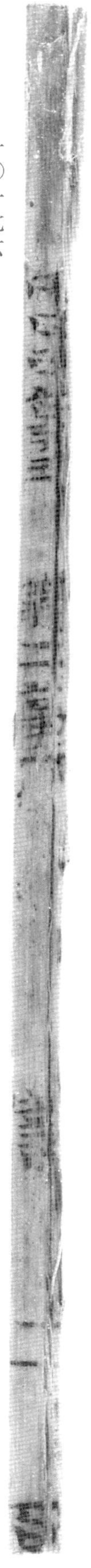
一〇一七六

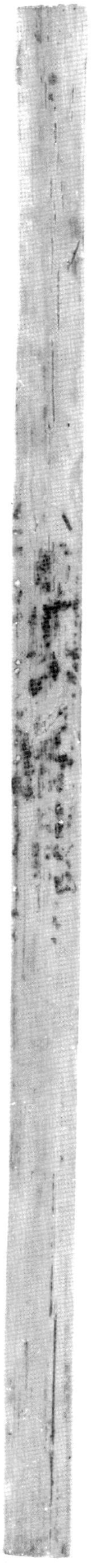
一〇一七七

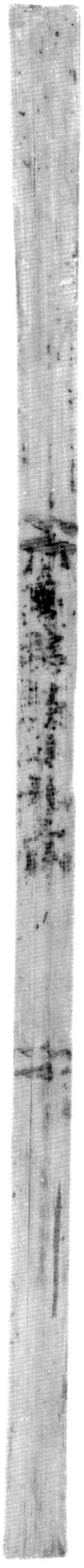
一〇一七八

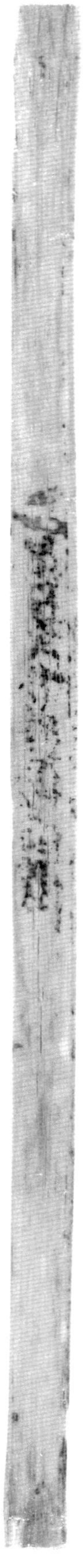
一〇一七九

一〇一八〇

一〇一八一

一〇一八二

一〇一八三

一〇一八四

一〇一八五

一〇一八六

一〇一八七

一〇一八八

一〇一八九

一〇一九〇

一〇一九一

一〇一九二

一〇一九三

一〇一九四

一〇一九五

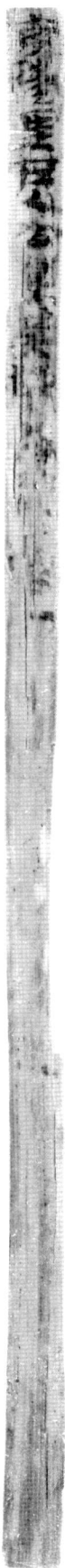

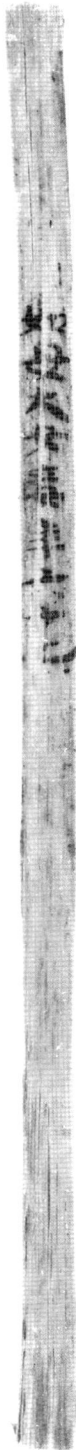

一〇一九六

一〇一九七

一〇一九八

一〇一九九

一〇二〇〇

一〇二〇一

一〇二〇二

一〇二〇三

一〇二〇四

一〇二〇五

一〇二〇六

一〇二〇七

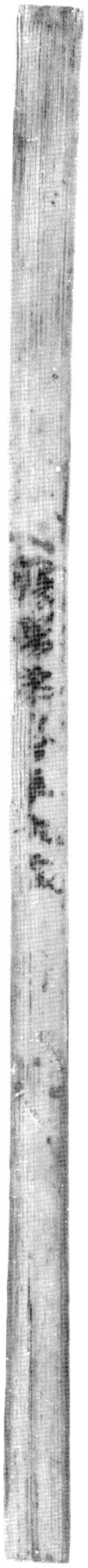

一〇二〇八

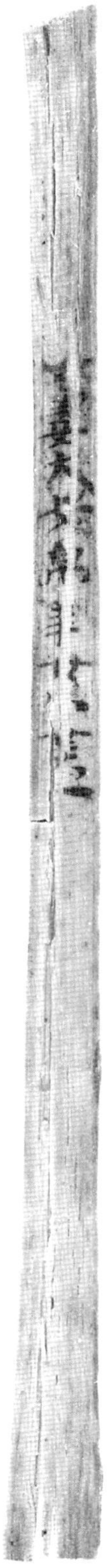

一〇二〇九

一〇二一〇

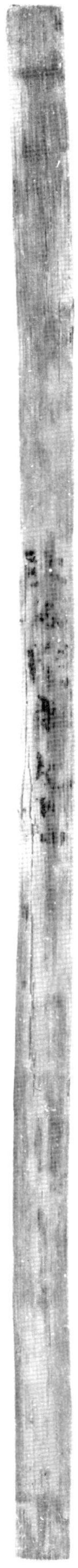

一〇二一一

一〇二一二

一〇二一三

一〇二一四

一〇二一五

一〇二一六

一〇二一七

一〇二一八

一〇二一九

一〇二二〇 一〇二二一 一〇二二二 一〇二二三 一〇二二四 一〇二二五 一〇二二六 一〇二二七

一〇二二八

一〇二二九

一〇二三〇

一〇二三一

一〇二三二

一〇二三三

一〇二三四

一〇二三五

一〇二三六

一〇二三七

一〇二三八

一〇二三九

一〇二四〇

一〇二四一

一〇二四二

一〇二四三

一〇二四四 一〇二四五 一〇二四六 一〇二四七 一〇二四八 一〇二四九 一〇二五〇 一〇二五一

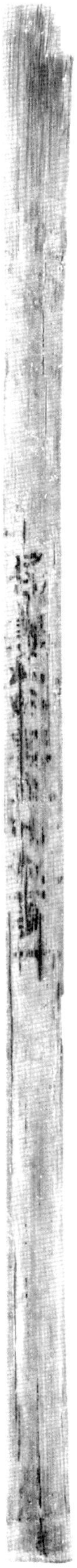
一〇二五二

一〇二五三

一〇二五四

一〇二五五

一〇二五六

一〇二五七

一〇二五八

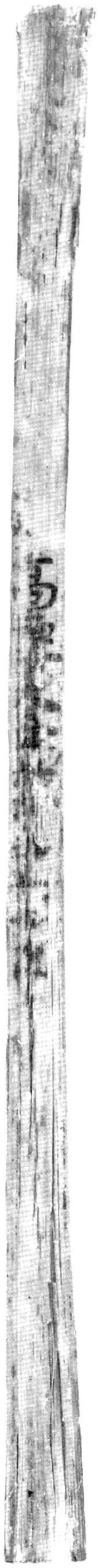
一〇二五九

一〇二六〇

一〇二六一

一〇二六二

一〇二六三

一〇二六四

一〇二六五

一〇二六六

一〇二六七

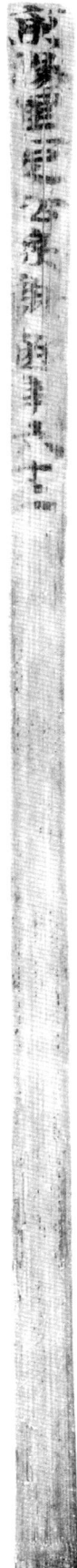

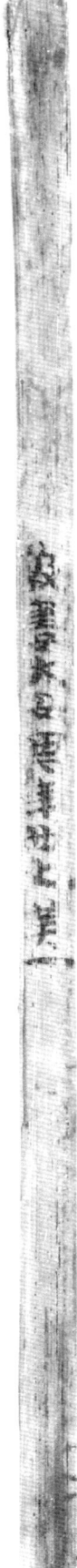

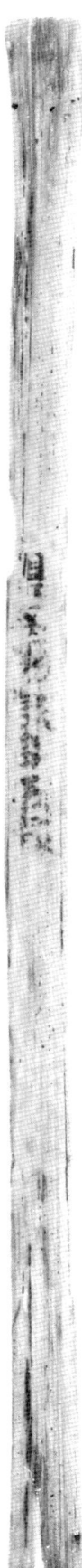

一〇二六八

一〇二六九

一〇二七〇

一〇二七一

一〇二七二

一〇二七三

一〇二七四

一〇二七五

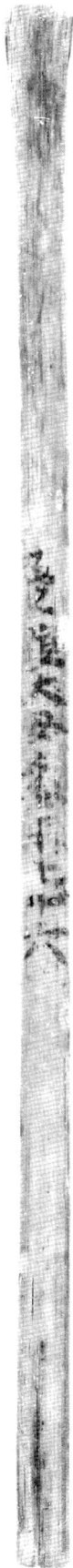

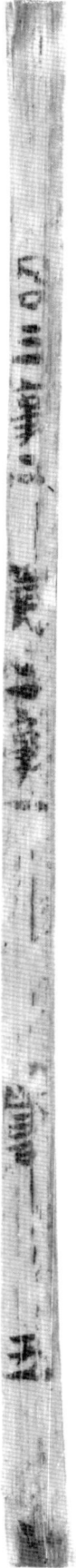

一〇二七六

一〇二七七

一〇二七八

一〇二七九

一〇二八〇

一〇二八一

一〇二八二

一〇二八三

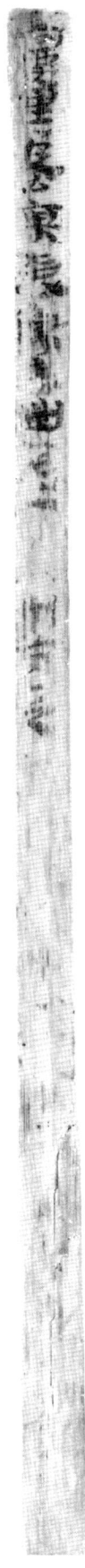

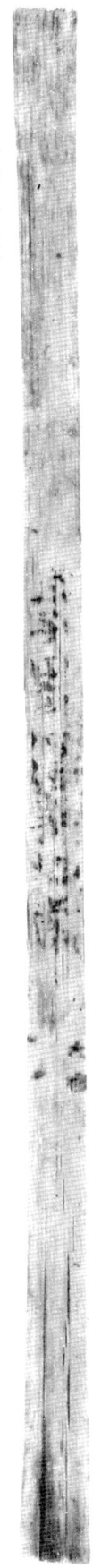

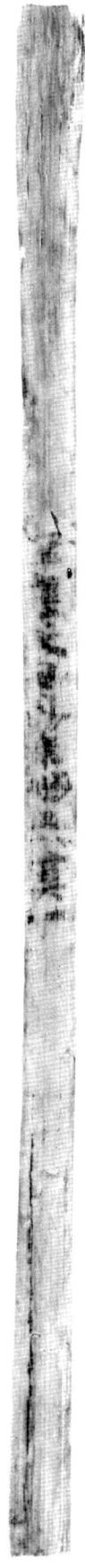

一〇二八四

一〇二八五

一〇二八六

一〇二八七

一〇二八八

一〇二八九

一〇二九〇

一〇二九一

一〇二九二

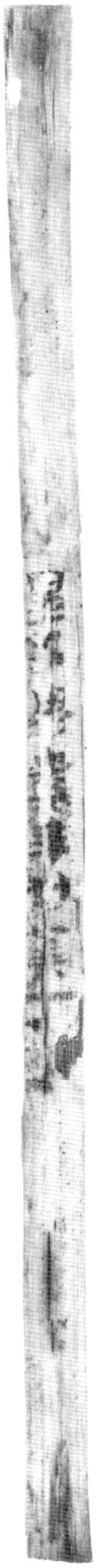

一〇二九三

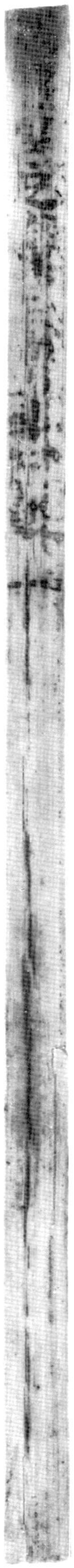

一〇二九四

一〇二九五

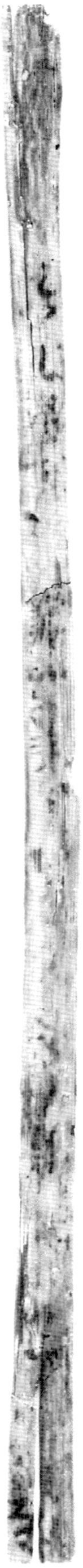

一〇二九六

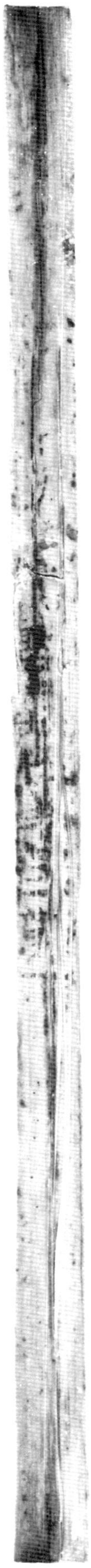

一〇二九七

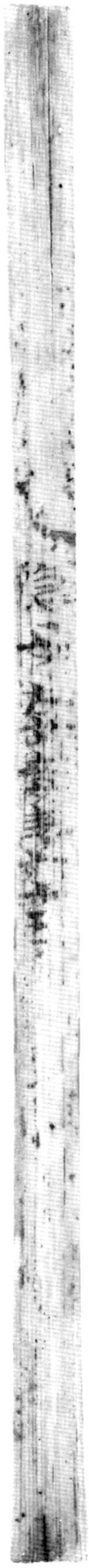

一〇二九八

一〇二九九

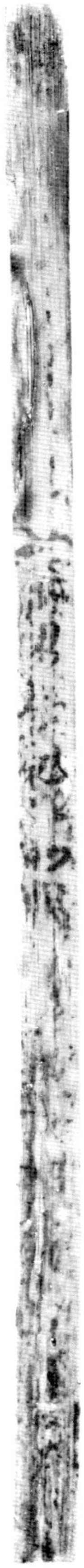

一〇三〇〇

一〇三〇一

一〇三〇二

一〇三〇三

一〇三〇四

一〇三〇五

一〇三〇六

一〇三〇七

一〇三〇八　一〇三〇九　一〇三一〇　一〇三一一　一〇三一二　一〇三一三　一〇三一四　一〇三一五

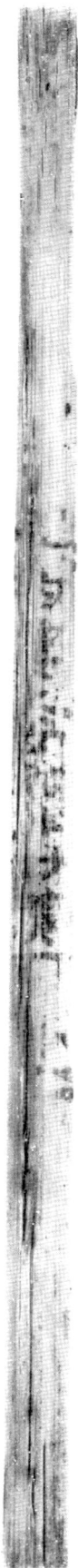

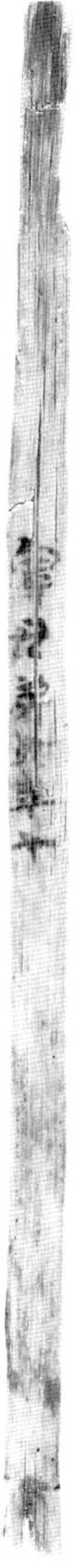

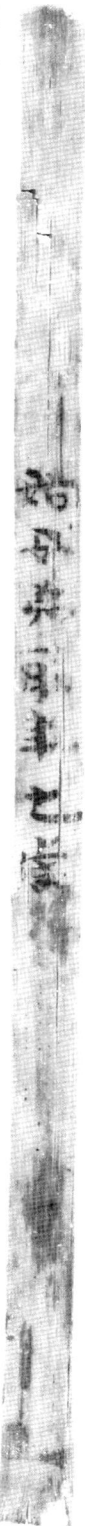

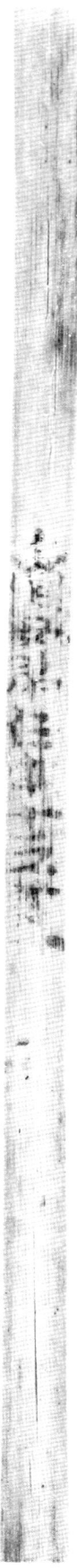

一〇三一六

一〇三一七

一〇三一八

一〇三一九

一〇三二〇

一〇三二一

一〇三二二

一〇三二三

一〇三二四

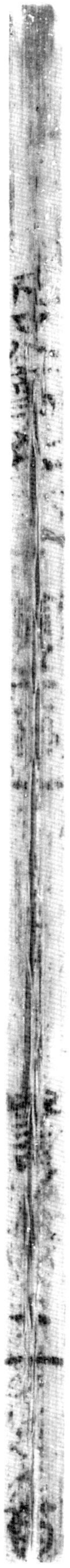

一〇三二五

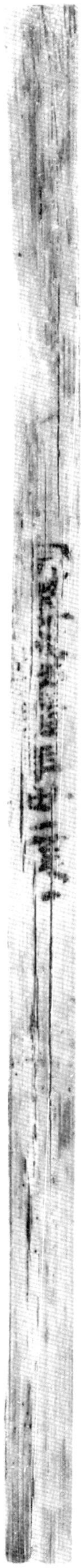

一〇三二六

一〇三二七

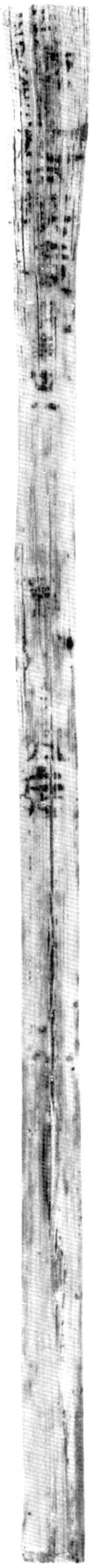

一〇三二八

一〇三二九

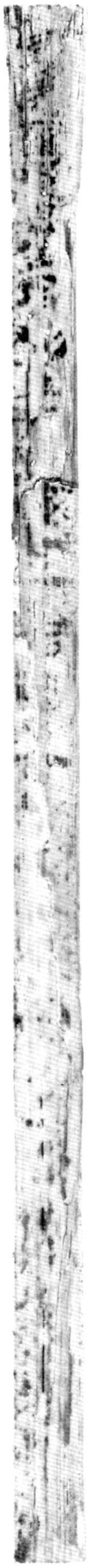

一〇三三〇

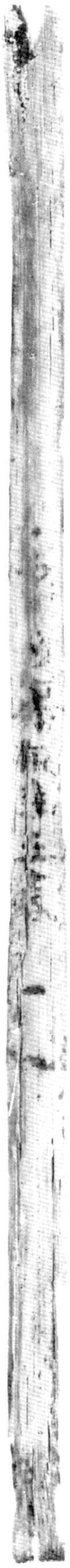

一〇三三一

一〇三三二

一〇三三三

一〇三三四

一〇三三五

一〇三三六

一〇三三七

一〇三三八

一〇三三九

一〇三四〇

一〇三四一

一〇三四二

一〇三四三

一〇三四四

一〇三四五

一〇三四六

一〇三四七

一〇三四八
一〇三四九
一〇三五〇
一〇三五一
一〇三五二
一〇三五三
一〇三五四
一〇三五五

一〇三五六

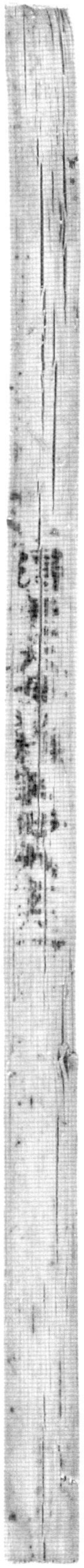

一〇三五七

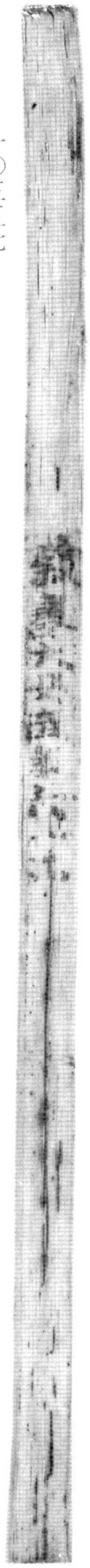

一〇三五八

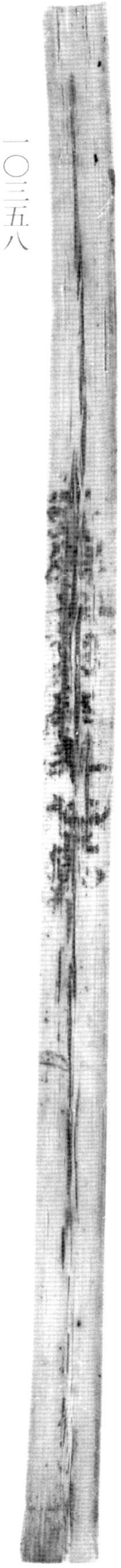

一〇三五九

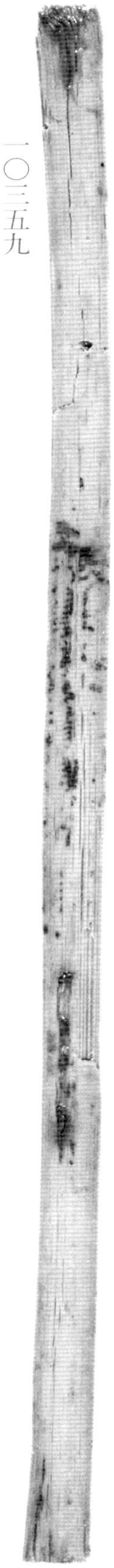

一〇三六〇

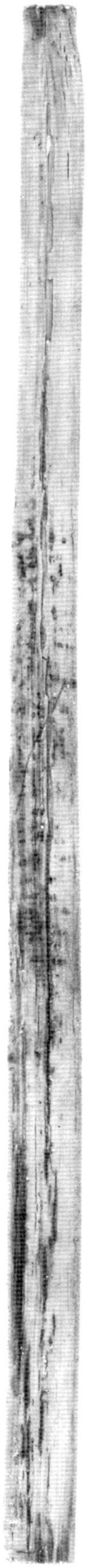

一〇三六一

一〇三六二

一〇三六三

一〇三六四

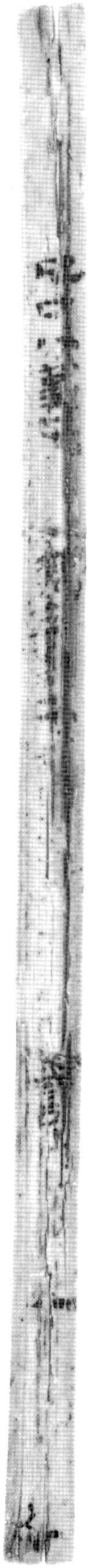
一〇三六五

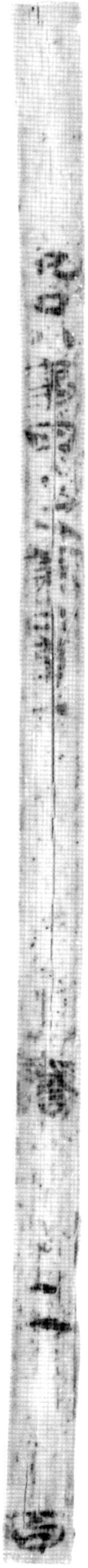
一〇三六六

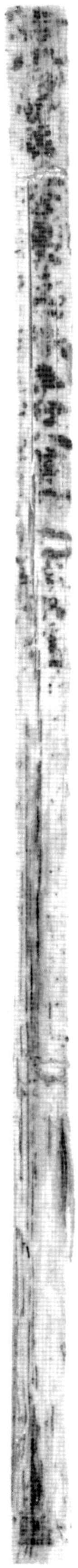
一〇三六七

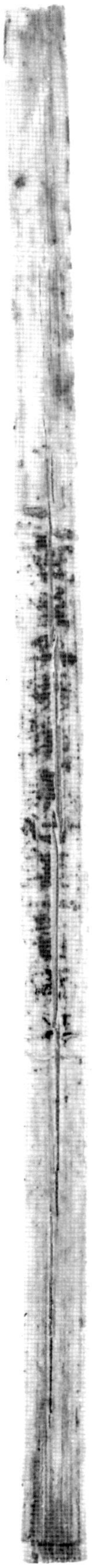
一〇三六八

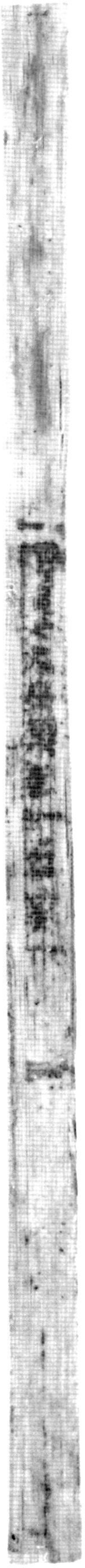
一〇三六九

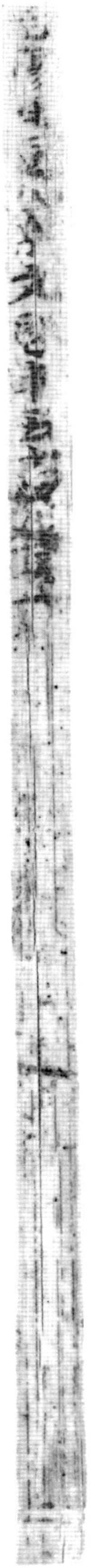
一〇三七〇

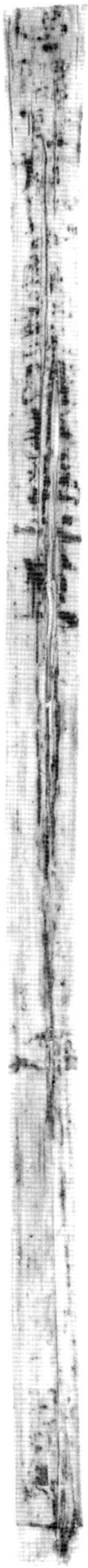
一〇三七一

一〇三七九 一〇三七八 一〇三七七 一〇三七六 一〇三七五 一〇三七四 一〇三七三 一〇三七二

一〇三八〇

一〇三八一

一〇三八二

一〇三八三

一〇三八四

一〇三八五

一〇三八六

一〇三八七

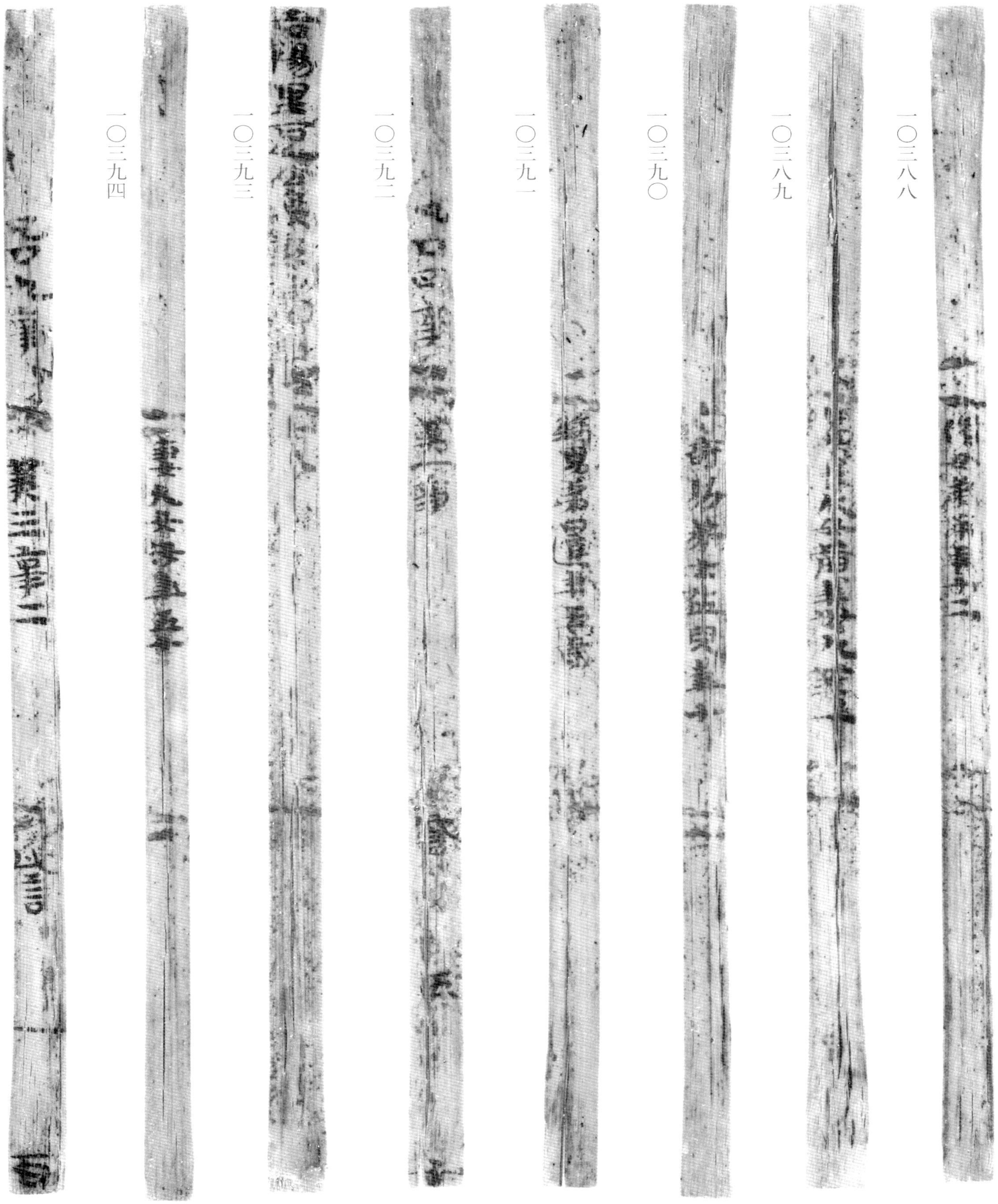

一〇三八八

一〇三八九

一〇三九〇

一〇三九一

一〇三九二

一〇三九三

一〇三九四

一〇三九五

一〇三九六

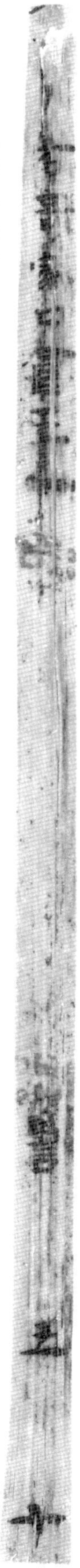

一〇三九七

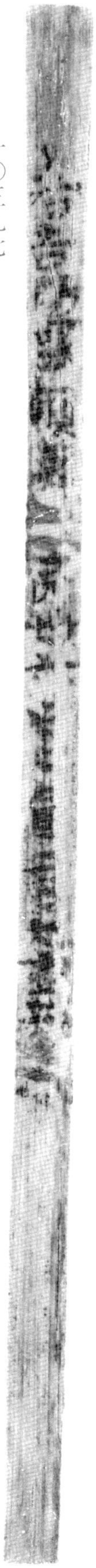

一〇三九八

一〇三九九

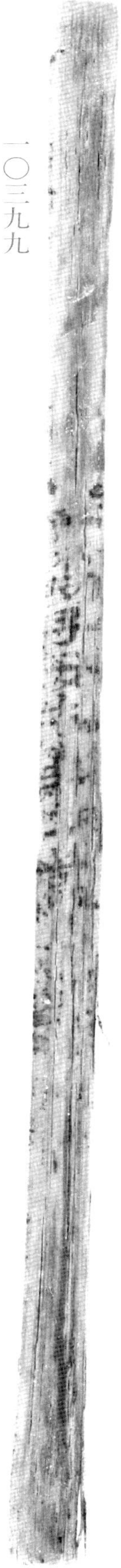

一〇四〇〇

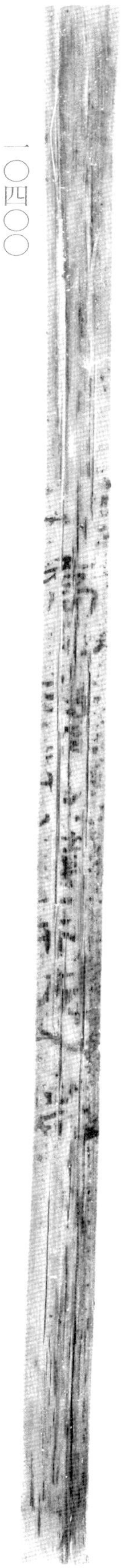

一〇四〇一

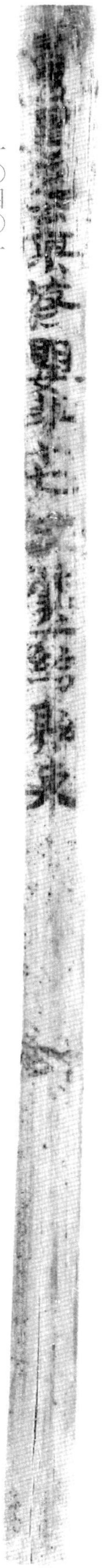

一〇四〇二

一〇四〇三

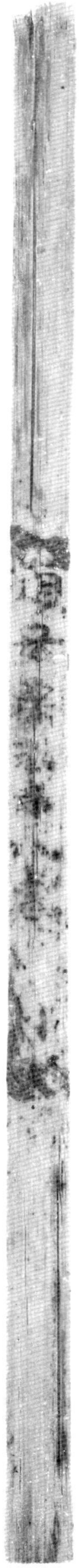

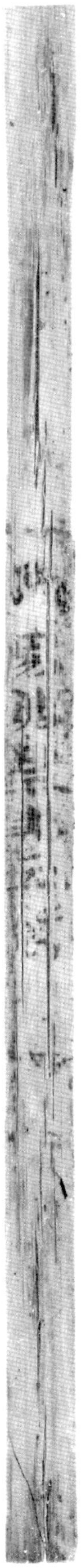

一〇四〇四

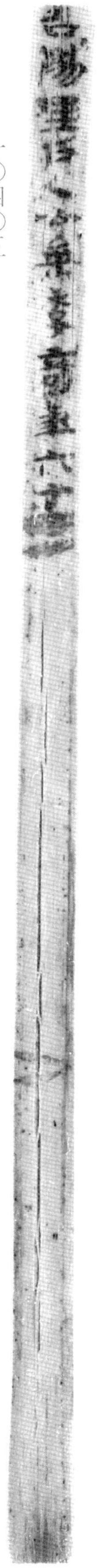

一〇四〇五

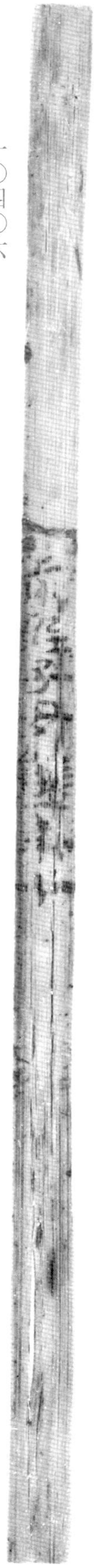

一〇四〇六

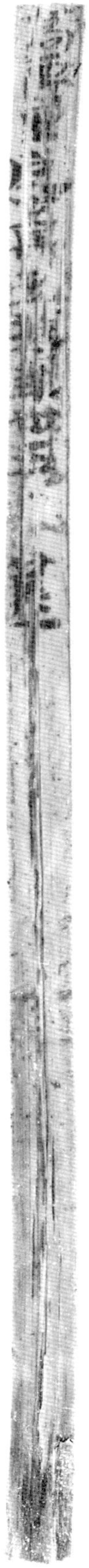

一〇四〇七

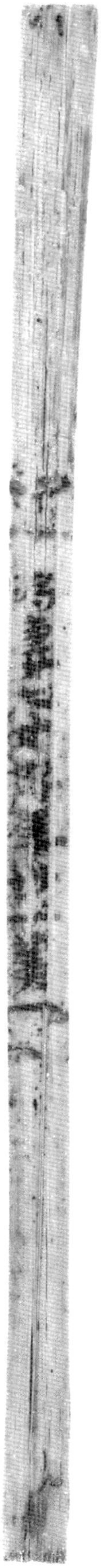

一〇四〇八

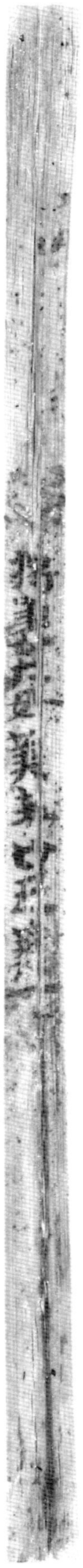

一〇四〇九

一〇四一〇

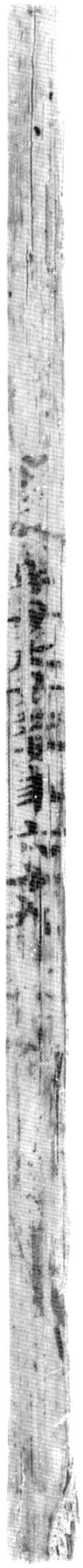

一〇四一一

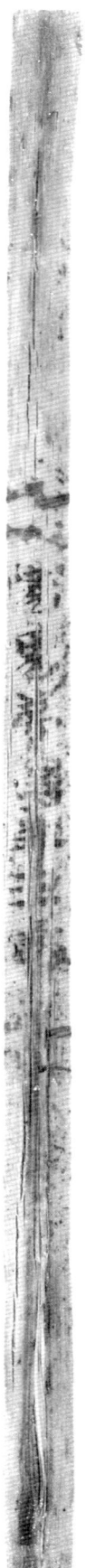

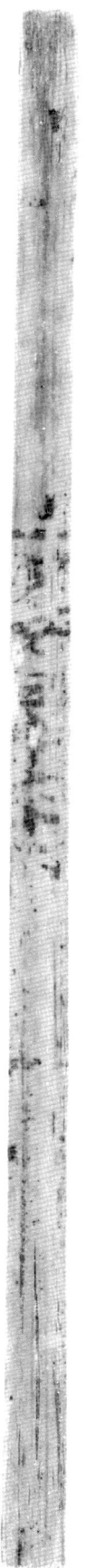

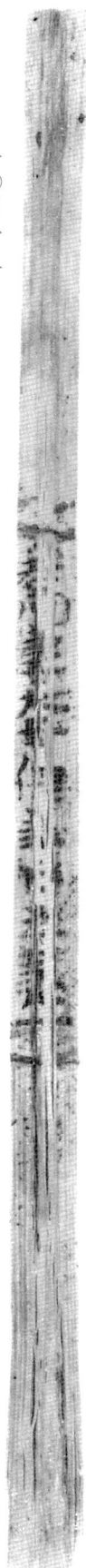

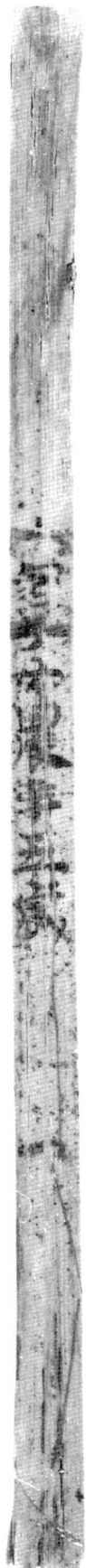

一〇四一二

一〇四一三

一〇四一四

一〇四一五

一〇四一六

一〇四一七

一〇四一八

一〇四一九

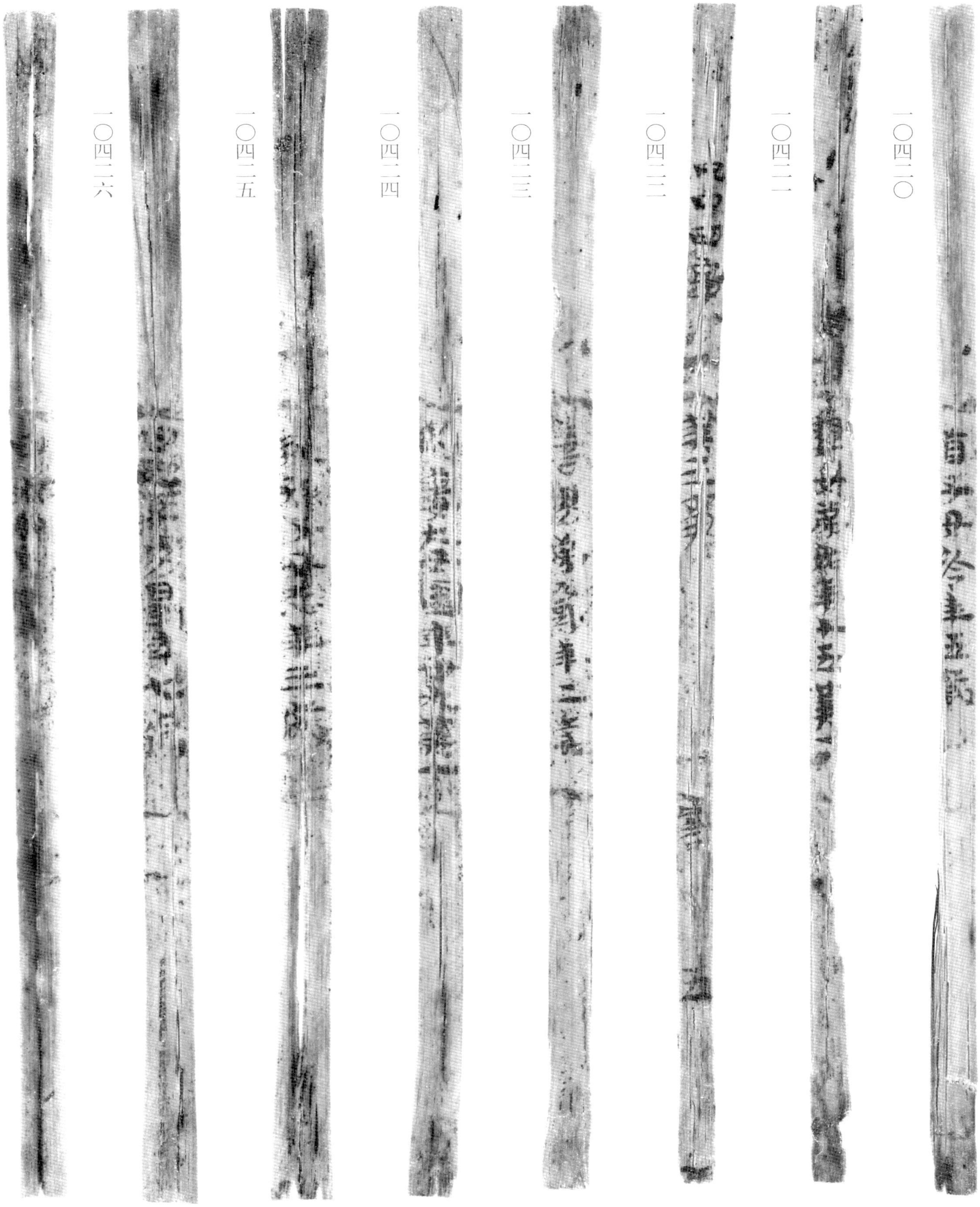

一〇四二〇
一〇四二一
一〇四二二
一〇四二三
一〇四二四
一〇四二五
一〇四二六
一〇四二七

一〇四二八
一〇四二九
一〇四三〇
一〇四三一
一〇四三二
一〇四三三
一〇四三四
一〇四三五

一〇四三六

一〇四三七

一〇四三八

一〇四三九

一〇四四〇

一〇四四一

一〇四四二

一〇四四三

一〇四四四

一〇四四五

一〇四四六

一〇四四七

一〇四四八

一〇四四九

一〇四五〇

一〇四五一

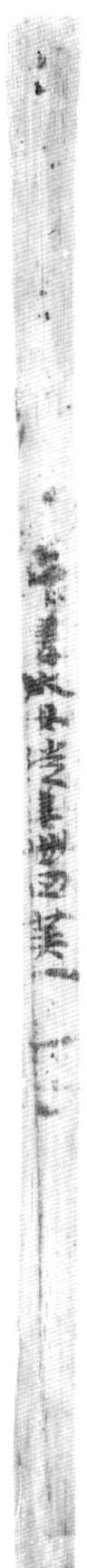

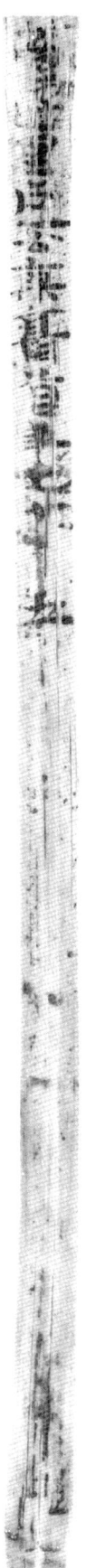

一〇四五二

一〇四五三

一〇四五四

一〇四五五

一〇四五六

一〇四五七

一〇四五八

一〇四五九

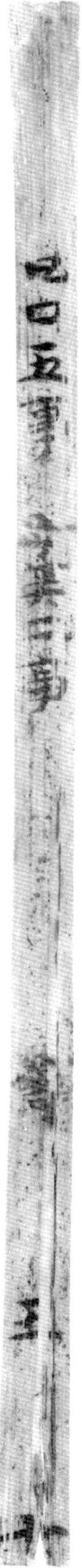

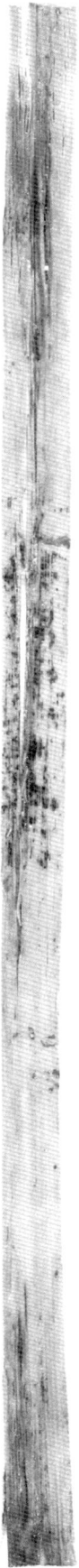

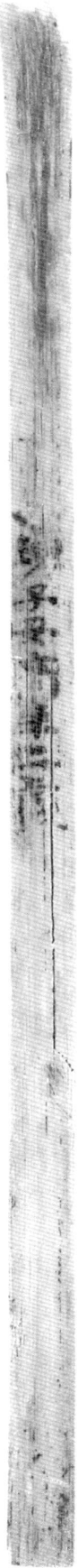

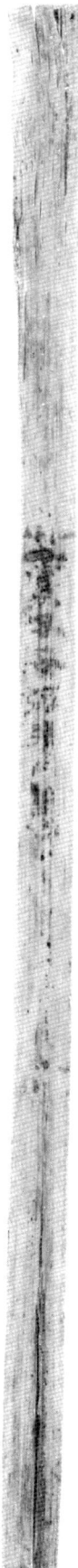

一〇四六〇
一〇四六一
一〇四六二
一〇四六三
一〇四六四
一〇四六五
一〇四六六
一〇四六七

一〇四六八

一〇四六九
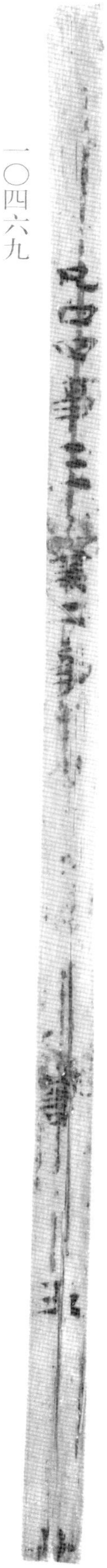

一〇四七〇
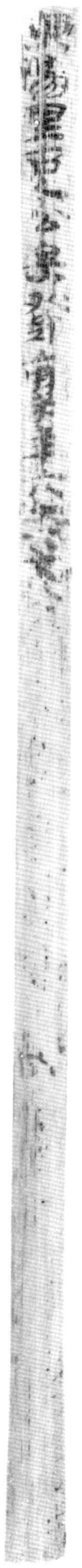

一〇四七一

一〇四七二
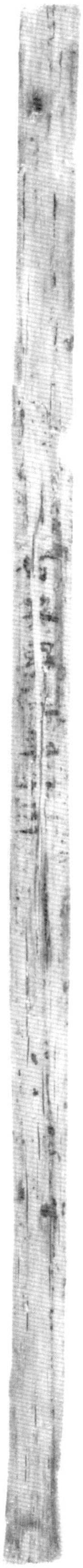

一〇四七三

一〇四七四
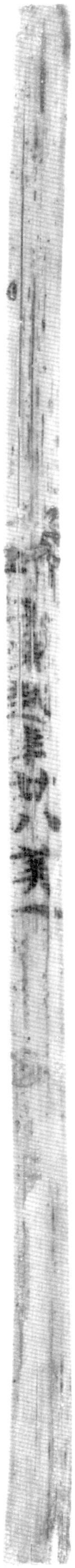

一〇四七五

一〇四七六

一〇四七七

一〇四七八

一〇四七九

一〇四八〇

一〇四八一

一〇四八二

一〇四八三

一〇四八四

一〇四八五

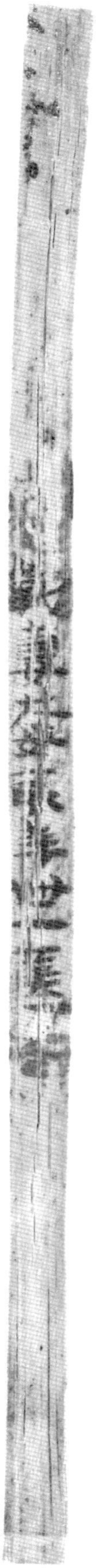

一〇四八六

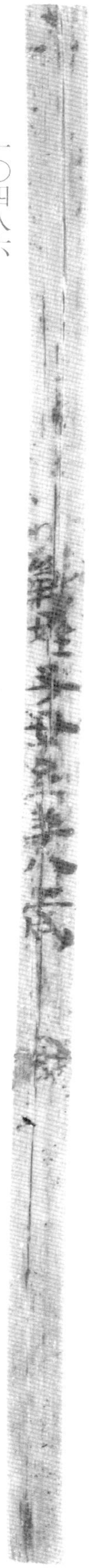

一〇四八七

一〇四八八

一〇四八九

一〇四九〇

一〇四九一

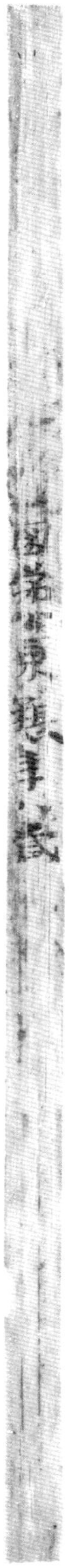

一〇四九二

一〇四九三

一〇四九四

一〇四九五

一〇四九六

一〇四九七

一〇四九八

一〇四九九

一〇五〇〇

一〇五〇一

一〇五〇二

一〇五〇三

一〇五〇四

一〇五〇五

一〇五〇六

一〇五〇七

一〇五〇八

一〇五〇九

一〇五一〇

一〇五一一

一〇五一二

一〇五一三

一〇五一四

一〇五一五

一〇五一六
一〇五一七
一〇五一八
一〇五一九
一〇五二〇
一〇五二一
一〇五二二
一〇五二三

一〇五二四

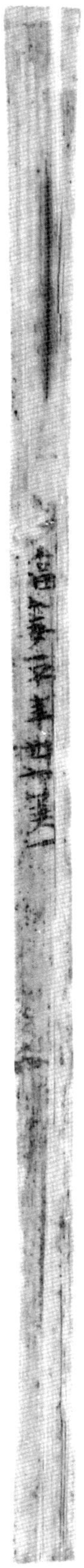

一〇五二五

一〇五二六

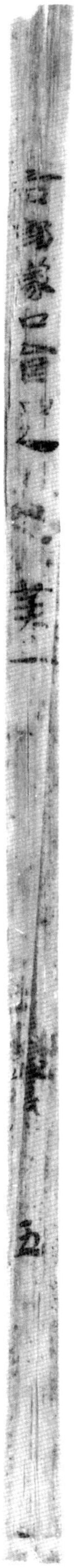

一〇五二七

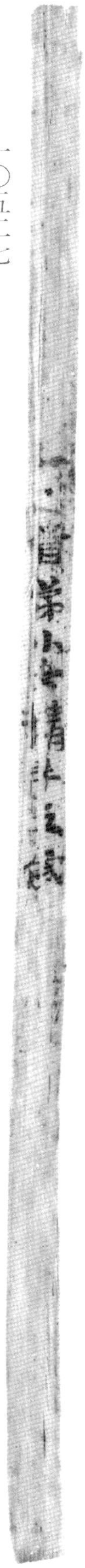

一〇五二八

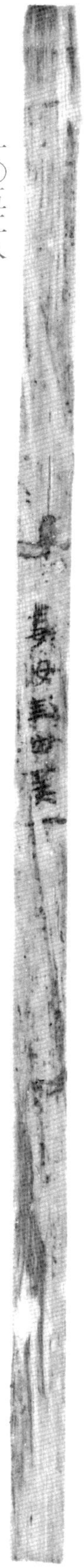

一〇五二九

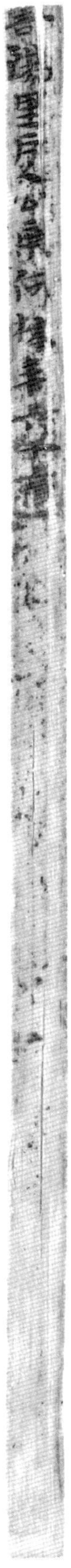

一〇五三〇

一〇五三一

一〇五三二

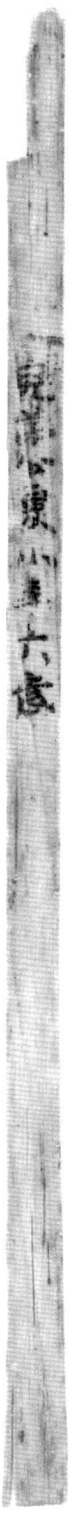

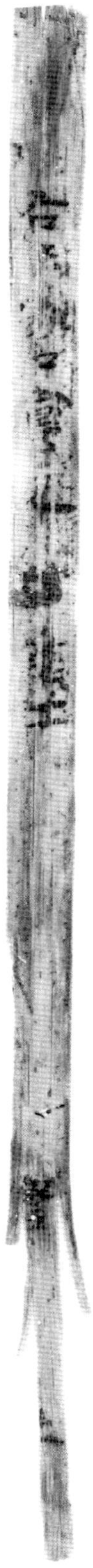

一〇五三四

一〇五三五

一〇五三三

一〇五三六

一〇五三七

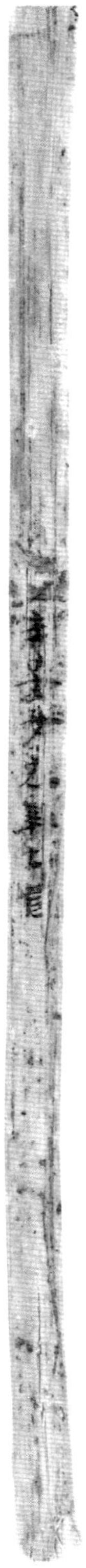

一〇五三八

一〇五三九

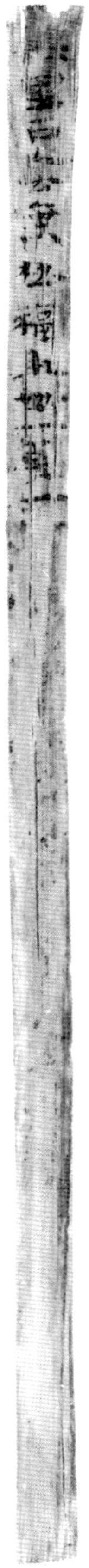

一〇五四〇

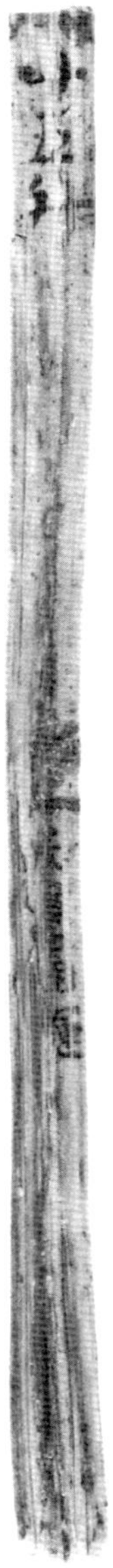

一〇五四一

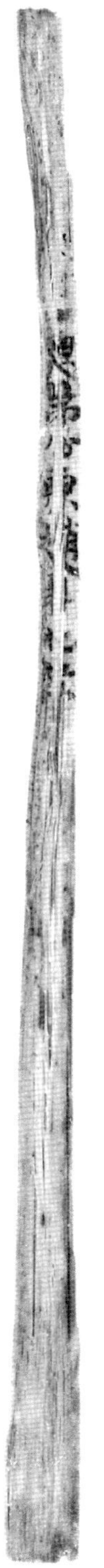
一〇五四二

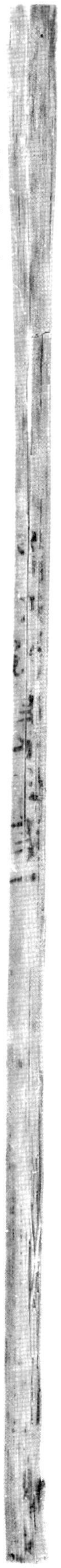
一〇五四三

一〇五四四

一〇五四五